Kilimanjaro
por la ruta Lemosho

JESÚS ROIG I GRAU
JOAN FERRER I COMAS

© Jesús Roig i Grau y Joan Ferrer i Comas, 2020

Textos: Jesús Roig i Grau y Joan Ferrer i Comas

Fotografías: Joan Ferrer i Comas

Portada: Mª Alba Baró

Impreso y editado por Books on Demand GmbH
info@bod.com.es - www.bod.com.es
Impreso en Alemania – *Printed in Germany*

ISBN: ES 9788413267128

"El Kilimanjaro es un lugar al que la gente corriente viene para hacer algo extraordinario"

Agradecimientos

Quiero agradecer a todos los que han hecho posible que este trabajo se haya convertido en una realidad y, muy especialmente, a Joan Ferrer y Jordi Herms, que no dudaron ni un momento en sumarse a este proyecto. Al Dr. José Antonio Pujante por no vacilar ni un segundo cuando le pedí que nos realizara el prólogo de este libro y al Dr. Domingo Rodríguez por presentármelo. A la Dra. Isabel Roig por su aportación y correcciones en los capítulos Aspectos médicos a tener en cuenta, Síndromes de la alta montaña y Botiquín. A Joaquim Alabarce Dorda por ofrecerse a realizar la película de nuestro viaje. Y, finalmente, a l'Agrupació Científico-Excursionista de Mataró y a su presidente Toni Cruanyes, por permitirnos hacer la presentación de la película y del libro en la entidad.

Quiero dedicar este trabajo a mis padres, Germán y Manuela, a mis hermanos Isabel y Germán, a mis sobrinos Ramon y Germán, y, muy especialmente, a mi mujer, Magdalena, y a mi hija, Joana, por las horas que no he podido dedicarles.

Jesús Roig

A mi padre por inculcarme el amor por la naturaleza y la montaña. En ella me siento un poquito más cerca de ti, allá donde estés.

Joan Ferrer

Índice

Prólogo

Cuando oigo hablar del Kilimanjaro mi mente evoca las maravillosas praderas de la sabana africana y los bosques selváticos que las preceden en las cotas de altitud. Paisajes soberbios que, hace cuarenta años, conservaban todavía una relativa pureza que el paso del tiempo ha ido diluyendo. Mi pensamiento viaja también hacia el recuerdo de las persones que pueblan ese universo sin par, las diversas etnias que moran en las tierras aledañas a la montaña más alta de África: los masái, los kikuyu, y otras tribus nilóticas que han ido integrándose en unas ciudades pseudooccidentalizadas y han ido perdiendo sus esencias; pero algunos aún conservan ese porte y dignidad que ha caracterizado a los guerreros, a los nómadas y a los cazadores-recolectores, que luego se sedentarizaron dedicándose a la agricultura. Hasta que el turismo alteró sus plácidas existencias...

Tengo en mis manos el libro que han escrito Jesús Roig Grau y Joan Ferrer Comas sobre el Kilimanjaro y no ceso de asombrarme a cada párrafo, por la erudición con que está estructurada y la recopilación de datos históricos –siempre apasionantes- sobre el descubrimiento y exploración de ese gran macizo montañoso. *Kilimanjaro por la ruta Lemosho* es un relato culto, serio, práctico, sin concesiones a la narrativa intrascendente y vacua. Está redactado de un modo ameno y asimilable por el lector, ya que prescinde de circunloquios innecesarios.

Kilimanjaro por la ruta Lemosho es un libro que nos describe una África real y actual, dedicando páginas a sus gentes, a la fauna, la flora; al paisaje y al paisanaje, que no deja de ser una aproximación a la visión antropológica de los viajes.

Cuando escribí mi libro "Hacia las cumbres del Arco Iris" incluí la narración de nuestra expedición al Kilimanjaro de hace casi cuatro décadas y en algunos capítulos comenté las aventuras por Kenia y Tanzania en los años ochenta del siglo pasado. Fuimos sin demasiada información, a descubrir los caminos que nos llevarían al Kili. ¡Ojalá hubiéramos tenido un libro como el que está usted a punto de leer! La presente obra, además del exquisito estilo, muestra una vertiente científica, casi académica, sin olvidar la visión pragmática de los datos útiles para desarrollar la expedición con garantías de éxito. Los dos autores han estado en la cima del Kilimanjaro, por lo que sus consejos deben ser tenidos muy en cuenta.

Después de mi lejana expedición al Kili, he tenido ocasión de viajar a muchos países de África, por diversos motivos: acciones humanitarias y de cooperación sanitaria internacional, misiones diplomáticas o ascensiones montañeras y exploraciones. Después de cincuenta y ocho viajes a territorio africano he coleccionado infinidad de momentos irrepetibles –algunos plasmados en libros y artículos, otros conservados para soñar en la intimidad- pero nunca he olvidado aquel periplo iniciático en el que, vagabundeando por Nairobi, vi los contrastes del legendario Norfolk Hotel -célebre por albergar a Ava Gardner cuando rodaron Mogambo- y el New Stanley Hotel –donde vivía Ernest Hemingway antes y después de sus cacerías- con los suburbios de Kibera o la pobreza que rodeaba algunos barrios en torno al lujoso Hilton. Como médico hice cuanto pude por mejorar la salud de algunas personas de Kenia y Tanzania, tanto en Tanganika como en Zanzíbar. Recuerdo que pasamos de un país a otro a través de un control fronterizo en medio de la jungla, Namanga, donde la policía estaba en un chamizo de troncos y hojas de palmera; era todo muy auténtico. El recorrido en autobús duró trece horas, que compartimos con muchos nativos que nos ofrecieron su comida: arroz, ugali o simplemente pan seco. Actualmente, creo que se llega en avión a un aeropuerto cercano al Kilimanjaro.

En este libro que han escrito Jesús y Joan, destaca su extraordinario conocimiento de la geología y la geotectónica, fundamentales para explicar los orígenes telúricos de ese colosal volcán anhelado por tantos montañeros. No satisfecho con eso, los autores nos introducen en el laberinto de las diferentes etimologías del nombre de la montaña, generalmente derivado del swahili y algunos dialectos. En su célebre novela "Las nieves del Kilimanjaro" Hemingway afirma que significa "la casa de Dios" pero, por aquellas tierras, la acepción más generalizada es la de "Montaña Blanca", especialmente el Kibo, el cono principal y más universalmente inmortalizado, referido como "Claro". El Mawenzi, sin nieve y de roca parda, es el "Oscuro" para los indígenas. Mas, estoy seguro de que no hay una única versión cierta, sino que todas tienen algo de verdad, como suele ocurrir en nuestra querida África...

En torno a esa cima de casi 6.000 metros, llamada ahora Uhuru —que significa "libertad" en swahili-, se han tejido muchas leyendas. La que más me gusta recordar es una que me relataron en Etiopía, tierra de la Reina de Saba. De su relación con el bíblico Rey Salomón de Israel, nació un niño que, de mayor, reinó en Etiopia en el siglo X antes de Cristo, hace más de 3.000 años. Fue el Rey Menelik I, cuya tumba se cree está ubicada en el mismísimo cráter de la cumbre del Kilimanjaro. Cuando estuve allí, las gigantescas paredes de hielo pétreo que rodean la caldera del volcán me parecieron un lugar inaccesible para enterrar a un monarca de un reino tan lejano, pero en África todo es posible.

Lo que sí resulta cierto es que el cambio climático fundirá esas ciclópeas y eternas masas de hielo y nieve -lamentablemente, en menos de tres décadas- y al derretirse aparecerán misterios hoy congelados. Leyendas aparte, la cruda realidad será implacable: sin nieves no habrá deshielo que origine arroyos y torrentes que luego se convertirán en ríos. Sin ríos no habrá lagos ni agua para hidratar a los animales y a la tierra. Sequía y enfermedades suelen ser la inevitable consecuencia. Desertización y destrucción de la vida animal y vegetal. Una tragedia.

En el presente libro hay unos capítulos fundamentales para afrontar la ascensión al Kilimanjaro. Después de leer acerca de la historia de la montaña, la geología, el clima, las curiosidades de la fauna en la inmensidad de la selva, la grandiosidad de los espacios y el cielo infinito de la sabana, y tanta otra información que preludia la ascensión propiamente dicha, llega el momento de enfrentarse al gran reto. Hay que organizarse para subir a una cima de altitud respetable, sin excesivas dificultades técnicas, pero que requiere planificar inteligentemente el ascenso a fin de aclimatar y adaptar el organismo a la hipoxia, la escasez de oxígeno en la atmosfera de altura. Al no enfrentarse a grandes pendientes, el montañero puede incurrir en el error de subir demasiado rápido. Lo aconsejable es acampar en las cotas correspondientes, como describen los autores.

También los consejos sobre aspectos de salud y los relativos a la alimentación son de gran utilidad práctica. Merece la pena leerlos atentamente y tomar buena nota.

Le dejo con la lectura recreativa y jugosa del libro que tiene usted en sus manos, que Jesús y Joan han escrito con vocación de compartir sus experiencias. Si le ocurre como a mí, tómeselo con calma, pues puede ser el inicio de una nueva etapa en su vida. Después de coronar la cima más alta de África –el mítico Kilimanjaro-, decidí afrontar el proyecto Seven Summits, escalar la cumbre más alta de cada uno de los cinco continentes y ambas zonas polares del planeta. En aquella época pocas personas se habían propuesto ese reto global. Así fui combinando mi vida profesional y familiar con expediciones por todo el mundo. Varias a *ochomiles* del Himalaya, hasta culminar en la cima más alta de la Tierra: el Everest (Asia), pasando antes por el Aconcagua (América), Elbruz (Europa), Pirámide de Carstensz (Oceanía), Gunnbjorns (Ártico) y Vinson (Antártida). También hubo que subir el McKinley en Alaska, ya que algunos consideraban América del Norte como un continente en sí mismo... Al finalizar ese complejo desafío de varios años tuve noticias de que un prestigioso explorador alemán, el Prof. Gerhard Schmatz, había sido el primer ser humano en la historia en conseguir los llamados Seven+Seven; esto es, coronar las cumbres de los continentes y zonas polares citadas y además los picos más altos de las 7 mayores islas del planeta, como pequeños continentes en sí mismas. No lo dudé; quería ser el segundo en lograrlo y así fue. Ese periplo geográfico me llevaría a paisajes muy diversos: selváticos, glaciales, áridos, frondosos. Con espíritu de trotamundos partí hacia Australia, Nueva Guinea, Groenlandia, Madagascar, Sumatra, Borneo, Baffin y Honsu, para redondear... y luego el K-2 en Pakistán, el Ruwenzori entre Uganda y Zaire, y tantos otros. Ciertamente, el Kilimanjaro despertó en mí una pasión viajera que parece no tener fin. Una fiebre aventurera para la que no hay vacuna. Puedo afirmar con toda rotundidad que el Kili marcó mi existencia.

Disfrute de la lectura y de los consejos que brinda la presente obra y anímese a subir cumbres cada vez más altas. Las cimas son escuela de vida, como la montaña en sí misma, ya que es parte de la Naturaleza. Escenario incomparable que debemos conservar en todo su esplendor para las generaciones futuras.

Dr. Josep A. Pujante
Primer alpinista catalán en completar los "Seven Summits"

El monte Kilimanjaro

El monte Kilimanjaro es un estratovolcán situado en el margen oriental del Valle del Rift, al noreste de la República de Tanzania, muy cerca de la frontera con Kenia y a unos 300 kilómetros al sur del ecuador. Consta de tres cumbres de origen volcánico orientadas en un eje este-sur-oeste. Estas tres cumbres son:

- Shira (3.962 m.): situado en el oeste, es el más antiguo de los tres y el más erosionado.
- Mawenzi (5.149 m.): situado a unos once kilómetros al este de Kibo, es la tercera cumbre más alta de África. Su punto más alto es el Hans Mayer Point.
- Kibo (5.895 m.): situado entre los otros dos, es el más reciente y, aunque se considera un volcán dormido, muestra señales de actividad en forma de fumarolas.

El pico Uhuru en el monte Kibo es el más alto del continente africano, con 5.895 metros, y forma parte del desafío "Seven summits" y "Seven volcanus".

La prominencia (desnivel mínimo que hay que descender desde la cima de una montaña para alcanzar la cima más cercana que tenga una altitud superior) del Kilimanjaro es de 5.895 metros, siendo la cuarta montaña más prominente del mundo por detrás del Everest, Aconcagua y Denali. Por si esto no fuera suficiente, desde la base del Kilimanjaro en el Valle del Rift hasta la cumbre en Uhuru peak hay 4.600 metros de desnivel, lo que lo convierten en el pico aislado más alto del mundo.

El nombre Kilimanjaro

En 1889, cuando Hans Meyer consiguió ser el primero en ascender la cima de Kibo, la llamó "Kaiser-Wilhelm-Spitze" (la cima Kaiser Wilhelm) en honor de Guillermo II de Alemania. Este nombre fue utilizado hasta 1918, cuando las colonias alemanas fueron transferidas al Imperio Británico tras la I Guerra Mundial.

Respecto al nombre Kilimanjaro, se desconoce el origen y significado exacto de este nombre. Existen diversas teorías y las más aceptadas combinan la palabra swahili *Kilima*, que significa colina o montaña pequeña, y la palabra Chagga *njaro* que se traduce como blanca, dando como resultado "montaña blanca". Otras fuentes traducen la expresión *njaro* como caravana, dando como resultado "montaña de las caravanas", nombre que haría referencia a las caravanas de esclavos que transitaban por esta zona en el siglo VI.

Otra teoría que está relacionada con el origen del nombre de esta montaña es la creencia de que algún europeo, con pocos conocimientos de swahili, cambiara la palabra *mlima* (montaña) por *kilima* (colina o montaña pequeña, como ya hemos comentado). Esto combinado con la palabra *ngaro*, *ngare* que en el idioma masai (maa) significan "agua", daría como resultado "montaña del agua".

Para encontrar más explicaciones al origen podemos recurrir al idioma kamba o kikamba que es una lengua bantú hablada en Kenia y Tanzania. En éste la palabra *ki-ima* se usa tanto para colina como para montaña.

Por su parte el pueblo Chagga, muy próximo a esta montaña, no da un nombre específico al conjunto de la misma, sino que se refieren por separado a sus cráteres. Kibo es considerado como un símbolo de esperanza y suerte por su color blanco y Mawenzi se asocia a las fuerzas del mal.

Finalmente, en 1961, cuando Tanganica alcanzó la independencia, la cima fue bautizada como Uhuru, que en swahili significa "libertad".

Descubrimiento, exploración y primera ascensión

El primer documento del que se tiene constancia, en el cual se cita esta montaña, data del siglo II d.C. En él el astrónomo egipcio Claudio Ptolomeo, hacía referencia a una tierra misteriosa situada al sur de lo que hoy es Somalia, habitada por caníbales y donde había una gran montaña de nieve.

En 1845, el geógrafo William Cooley hacía mención de que la montaña más destacada del África del Este era conocida por el nombre de Kirimanjara.

En 1848, un misionero alemán, Johannes Rebmann, exploró la región chagga buscando un lugar donde establecer la primera misión y, al acercarse a la montaña, descubrió que lo que parecía una nube blanca era realmente nieve. Un año más tarde estas observaciones serían recogidas por la Church Missionary Intelligencer en Londres.

En 1861, una expedición dirigida por el barón alemán Klaus von der Decken (1833-1865) y el botánico inglés Richard Thornton (1838-1863) permitió verificar la presencia de nieve en su cima, consiguiendo cerrar definitivamente el debate sobre la posibilidad de que hubiera nieve o hielo perpetuo tan cerca del ecuador. De hecho, Von der Decken fue el primer europeo que intentó escalar esta montaña, pero en su primer intento el mal tiempo les impidió llegar más allá de los 8.000 pies, aproximadamente 2.500 metros de altitud.

Al año siguiente el barón volvió, esta vez acompañado del explorador y químico alemán Otto Kersten (1839-1900). En este segundo intento alcanzaron los 14.000 pies, unos 4.300 metros de altitud.

En 1887, el conde Sámuel Teleki de Szék (1845-1916) fue el primero en llegar al límite de la superficie nevada, situado entonces a 5.300 metros de altitud, pero no consiguió ascender el glaciar y tuvo que desistir de su intento.

Ese mismo año el geógrafo alemán Hans Meyer (1858-1929), acompañado por el barón Von Eberstein, realizaron otro intento de coronar la montaña, alcanzando en este caso los 5.400 metros aproximadamente, pero una pared de hielo de 30 metros y el mal de altura hicieron fracasar esta tentativa.

Hans Meyer (*)

Al año siguiente Hans Meyer volvió, en este caso formando equipo con el reconocido alpinista austriaco Ludwig Purtscheller (1849-1900). El grupo, lo conducía un guía local de la tribu Chagga, Yohana Kinyala Lawo (1871-1996).

Ludwig Purtscheller (**)

En esta intentona, establecieron el campo base a 4.300 metros de altitud y, después de varios días de preparar la ascensión definitiva (incluyendo la talla de escalones en el hielo), consiguieron llegar a la cima el 6 de octubre de 1889, acompañados por el citado guía.

Sobre el guía hay que decir que vivió ¡125 años! De hecho, cuenta la leyenda que el día del ascenso subió descalzo y cubierto solo con mantas. Posteriormente, continuaría guiando grupos hasta los 70 años.

No hay que olvidar al resto del grupo que hizo posible el éxito de la ascensión: Jonathan Mtui como guía asistente y los porteadores Elia Minja, Toma Mosha, Makelio Lyimo y Mamba Kowera.

(*) Hans Meyer (geólogo). (s.f.). En *Wikipedia*. Recuperado el 18 de mayo de 2020 de https://es.wikipedia.org/wiki/Hans_Meyer_(geólogo)
(**) Ludwig Purtscheller. (s.f.). En *Wikipedia*. Recuperado el 18 de mayo de 2020 de https://es.wikipedia.org/wiki/Ludwig_Purtscheller

Geología

Este estratovolcán o volcán compuesto se encuentra situado sobre el Valle del Rift, una gran fractura geológica que empezó a formarse hace unos 30 millones de años como consecuencia de la separación de las placas tectónicas somalí, india, arábica y euroasiática, y que ocupa una extensión de 4.830 kilómetros en dirección norte-sur. La placa africana se está separando en dos y se cree que terminará por fracturar el continente africano en dos partes.

De las tres cimas del monte Kilimanjaro, la más antigua es Shira. Ésta comenzó su actividad eruptiva hace 2,5 millones de años, durante el Plioceno, finalizando hace 1,9 millones de años. A continuación, seguiría el Mawenzi, que se generó hace un millón de años aproximadamente, y finalmente el Kibo, con una antigüedad cifrada entre 550.000 y 600.000 años. La mayor parte del Kilimanjaro se desarrolló pues durante el Pleistoceno y hoy en día la actividad volcánica está reducida a las fumarolas del cráter del Kibo.

Según la NASA, su última erupción tuvo lugar hace aproximadamente 100.000 años, pero según el Fondo Mundial para la Naturaleza lo hizo hace unos 360.000 años. Mientras que Shira y Mawenzi se han extinguido, a Kibo se le considera un volcán dormido y no se descarta que algún día pueda entrar en erupción.

El casquete glaciar se encuentra en el monte Kibo y se ha ido reduciendo de forma dramática. En 1912 cubría una superficie de 12,1 Km², 6,7 Km² en 1953, 4,2 Km² en 1976, 3,3 Km² en 1996 y 2 Km² en 2003. Es decir que durante el siglo XX perdió el 82% de su superficie glaciar y, de persistir las actuales condiciones climatológicas, los científicos de la Universidad de Innsbruck calculan que desaparecerá totalmente en 2040. Otras aproximaciones, como la de la

Academia de Ciencias de California, sitúan esta desaparición en 2050.

La creencia más extendida entre la comunidad científica es que el retroceso del glaciar se debe más al descenso de las precipitaciones que al calentamiento global, ya que la temperatura permanece constante por debajo de los 0°C en la altura donde se encuentran los glaciares.

El casquete glaciar está constituido por el glaciar Furtwängler en la cumbre, los glaciares Drygalski, Great Penck, Little Penck, Pengalski, Lörtscher Notch y Credner en la ladera norte, los glaciares Barranco, Arrow y Uhlig en la ladera oeste, Balletto, Diamond, Heim, Kersten, Decken, Rebmann y Ratzel en la ladera sur y finalmente el campo de hielo este.

Fauna

Por las zonas por donde nos vamos a mover transita tanta gente que los animales prefieren adentrarse en el parque huyendo de la presencia humana, así que lo cierto es que tendremos pocas oportunidades de avistarlos.

Entre los 800 metros y 1.800 metros de altitud, en zonas de cultivo podemos encontrar la gineta y los hiracoideos (hyrax), mamíferos parecidos al conejo de indias.

Los animales son más numerosos entre los 1.800 metros y 2.800 metros de altitud, en la zona del bosque tropical. Aquí habita el mono azul, que se puede observar cerca de Mandara Huts, en la ruta Marangu. También el mono colobo puede ser observado en este hábitat en la ruta Rongai, cerca de la Londorossi gate en la ruta Lemosho y en Mandara Huts siguiendo la ruta Marangu. Aunque su avistamiento es extremadamente raro, también habitan en el bosque el babuino de olivo, la civeta, el leopardo, la mangosta, el serval y el cerdo salvaje. Por su parte el tejón de la miel y el puercoespín son animales tímidos y nocturnos, con lo que también es muy raro poderlos ver.

Ratón africano

Camaleón

También habitan en esta área abundantes mariposas -al menos cuatro especies endémicas-, el camaleón trioceros de Jackson y numerosas ranas arbóreas.

Por encima de los 2.800 metros de altitud podemos encontrar al ratón de hierba de cuatro rayas, al ratón de piel dura y escalada y a la rata topo, aunque estos últimos son difíciles de ver. Los duikers grises y rojos y los elands (antílopes) son divisados en raras ocasiones.

Como curiosidad destacar que el entomólogo George Salt encontró una especie de araña que vive en altitudes de hasta 5.500 metros, habitando bajo tierra para soportar el riguroso clima.

Avifauna

En el bosque habita un gran número de especies, y de hecho este apartado merecería un libro aparte. Cuando caminemos por él escucharemos un sinfín de sonidos y cánticos, aunque observar a los autores de éstos será más difícil por las mismas razones comentadas anteriormente.

Estornino soberbio

En la zona comprendida entre los 1.800 metros y 2.800 metros de altitud, en el bosque tropical, habitan diferentes tipos de turaco, como puede ser el de Hartlaub, de color verde oscuro, el trogón de vientre rojo, el pájaro de sol de malaquita de color verde metálico y gran cantidad de pequeños pájaros como pueden ser el bulbul común, el cistícola de Hunter y el vellón rayado.

Entre los 2.800 metros y 4.000 metros de altitud, en el

Cuervo de cuello blanco

páramo semi-alpino podemos observar en raras ocasiones el buitre barbudo o el buitre de Augur. Y ya en la zona alpina encontramos el cuervo de cuello blanco, de unos 50-54 cm. de tamaño, visitante habitual de los campamentos y el chat alpino.

La frondosa selva tropical donde se esconde la mayor parte de la avifauna

Flora

En el Kilimanjaro podemos diferenciar cinco ecosistemas distintos, desde las tierras bajas hasta la cima, ligados a las diferencias climáticas asociadas a cada una de estas zonas. Entre los 800 metros y 1.800 metros de altitud encontramos la zona de matorrales y campos de cultivos, entre otros, café y frutas tropicales. Es en esta área donde se localizan granjas y pueblos, muchos de ellos lugar de origen de los guías y porteadores que forman parte de las expediciones.

Entre los 1.800 metros y 2.800 metros de altitud encontramos la densa selva tropical, que recibe anualmente unos 2.000 mm. de agua de lluvia y es la parte más húmeda de la montaña. Esta zona acoge la mayor variedad de flora y fauna de todo el parque, de hecho, se han registrado más de 1.200 especies de plantas vasculares. Aquí proliferan los helechos arbóreos, sicomoros, enebros y algunas plantas endémicas como la Impatiens kilimanjari, Viola eminii y Impatiens pseudoviola.

Entre los 2.800 metros y 4.000 metros de altitud encontramos el páramo semi-alpino o zona baja alpina donde las temperaturas pueden estar por debajo de los 0ºC. En esta zona las precipitaciones se sitúan en los 1.300 mm. anuales y como especies más

Protea kilimandscharica

significativas podemos destacar la Protea kilimandscharica y la Kniphofia thomsonii.

En la parte alta de este ecosistema las precipitaciones anuales bajan hasta los 525 mm. y aquí encontraremos el Dendrosenecio kilimanjari y la Lobelia deckenii.

Dendrosenecio kilimanjari

Entre los 4.000 metros y 5.000 metros de altitud nos encontramos en la zona de desierto alpino. Aquí las precipitaciones anuales ya son inferiores a los 200 mm. y se producen oscilaciones diarias de temperatura de hasta 30°C. En esta área hay catalogadas unas 55 especies de hierba, líquenes y musgos, destacando la Asteraceae que encontraremos hasta los 4.700 metros de altitud.

Entre los 5.000 metros y 5.895 metros de altitud nos encontramos en la zona de roca y hielo. Aquí prácticamente no hay vida vegetal. Las noches son muy frías, la radiación solar es extrema y la lluvia inexistente. A esta altitud solo encontramos el Helichrysum newii, un liquen conocido como "flor eterna", cuyo crecimiento se calcula que es de 0,5 mm. de diámetro por año. Los estudios científicos realizados concluyen que estos líquenes podrían ser los seres vivos más antiguos de la Tierra.

Clima

Moshi es la localidad más cercana al Kilimanjaro, se encuentra en su falda sur, se caracteriza por un clima suave y benigno durante todo el año con una temperatura media que oscila entre los 20 y 25ºC.

En la montaña la temperatura desciende progresivamente con la altura, así tenemos que a 1.000 metros de altitud la temperatura puede ser de unos 20ºC hasta valores de -20ºC en su cima.

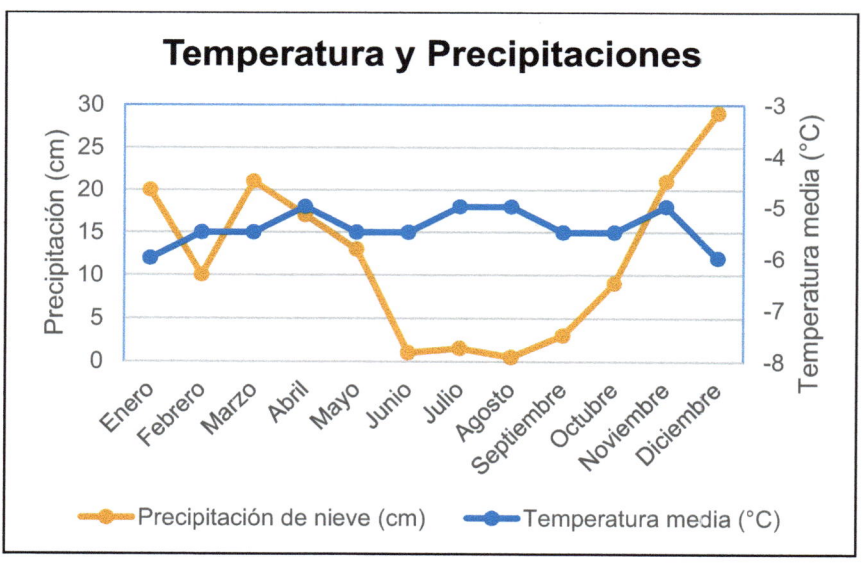

Datos en la zona de roca y hielo (5800 m.)

Los vientos alisios que vienen del sudeste y se originan en el océano Índico propician precipitaciones de hasta 2.300 mm. de lluvia a 2.000 metros de altitud, a unos 200 mm. de media anual en su cima.

Estos cambios de temperatura y las diferentes precipitaciones que hay dependiendo de la altitud propicia que haya cinco ecosistemas en el Kilimanjaro: tierras de cultivo, selva tropical, páramo semi-alpino, desierto alpino y glaciar.

El glaciar ha retrocedido en los últimos años debido al incremento de la temperatura, aunque un estudio publicado en la revista Proceedings of the National Academy of Sciences también lo relaciona con la pérdida de bosques lo que ha modificado las precipitaciones.

Según Lonnie Thompson, profesor de la Universidad de Ohio, el pequeño glaciar Furtwangler situado cerca de la cima se ha reducido un 50% entre 2000 y 2009.

Material

El material necesario no difiere mucho del que podamos usar en cualquier otro trekking de una semana de duración, pero debemos poner especial atención a la diferencia térmica que nos vamos a encontrar entre la base y la cima de la montaña, de manera que será vital llevar la vestimenta adecuada para soportar las bajas temperaturas de hasta -20ºC que nos podemos llegar a encontrar en la cima y su ascensión nocturna.

Ropa recomendada para 1 semana
- 2 camisetas térmicas de manga larga
- 2 camisetas de manga corta
- 1 mallas largas térmicas (para el día de cumbre)
- 1 pantalón largo
- 1 pantalón largo de invierno
- 1 pantalón impermeable (si el de invierno no lo es)
- 1 polar
- 1 chaqueta de plumas
- 1 cortaviento impermeable (tercera capa)
- 1 gorra
- 1 gorro térmico
- 1 pasamontañas (para el día de cumbre)
- 1 braga cuello
- 1 par de guantes finos
- 1 par de guantes de nieve
- 1 par de calcetines gruesos (para el día de cumbre)
- 4 pares de calcetines normales
- 7 mudas de ropa interior
- 1 par de botas de alta montaña (que protejan adecuadamente del frío para el día de cumbre)
- 1 par de playeros o calzado similar para descansar en el campamento

- 1 par de polainas (los guías las llevan siempre puestas ya que durante todo el trekking encontraremos mucho polvo)

Material y accesorios
- 1 saco de dormir (-25ºC) (no escatimemos con este elemento, las noches son muy frías en altura)
- 1 cojín
- 1 esterilla (preguntar antes en la agencia, muchas veces se incluyen junto con la tienda)
- 1 par de bastones (aconsejables, aunque dependerá de la costumbre de cada uno)
- 1 mochila para el día (30 litros / 35 litros)
- 1 bolsa de viaje o petate para los porteadores
- 1 frontal, pilas y bombilla de repuesto
- 1 cantimplora (no se admiten botellas de plástico blando dentro del parque)
- Tabletas purificadoras de agua (opcional)
- Cubre mochila impermeable para la lluvia y el polvo
- Gafas de sol (fundamental con filtro UV 3 o 4)
- Gafas de nieve y/o ventisca (para el día de cumbre)
- Navaja
- Material reparaciones (cinta americana, hilo, cordones, etc.)
- Toalla (las más útiles son las pensadas para montaña, ligeras, hechas con material muy absorbente y de rápido secado)
- Cámara de fotos
- Teléfono móvil / batería de repuesto o "power bank", no encontraremos puntos de recarga eléctrica. A tener en cuenta que no encontraremos cobertura telefónica durante la mayor parte del recorrido
- Comida auxiliar (barritas energéticas, frutos secos, etc.)

- Dinero para gastos extras personales (aconsejable en dólares)
- Piolet y crampones (dependiendo de las fechas de la ascensión, preguntar antes en la agencia)

Salud
- Útiles de aseo (cepillo y pasta de dientes, desinfectante para las manos, jabón, etc.)
- Papel higiénico (importantísimo si nuestra agencia no lleva un WC químico, en los lavabos no encontraremos papel higiénico)
- Protector solar
- Protector labial
- Repelente de insectos (necesario hasta los 3.500 metros de altitud)
- Tapones para los oídos
- Botiquín (desglosado en su apartado correspondiente)

Documentos
- Información de la ruta y mapa (opcional)
- Pasaporte
- Seguro de viaje (muchas agencias te obligan a tenerlo y en cualquier caso es imprescindible para hacer frente a cualquier accidente o lesión)

Aspectos médicos a tener en cuenta

Antes del viaje

Actualmente para ascender el Kilimanjaro no es necesaria ninguna vacunación obligatoria, no obstante, es recomendable pedir cita en un centro de vacunación internacional donde nos asesorarán al respecto. Esta consulta es además muy necesaria si tenemos planificado combinar la ascensión con algún safari por los numerosos parques nacionales tanzanos.

Vacunas

Las vacunas recomendables son las siguientes:

• Fiebre amarilla

Es una enfermedad viral infecciosa transmitida por determinados mosquitos contagiados por el virus de la fiebre amarilla. La vacuna protege a aquellas personas que viajan a áreas afectadas, manteniendo a su vez un medio de control de la enfermedad. La vacuna es eficaz desde los diez días hasta diez años después de su administración.

Para entrar en Tanzania sólo es obligatoria si procedes de un país de riesgo.

• Hepatitis A

La hepatitis A es una enfermedad infecciosa originada por el virus de la hepatitis A (VHA), que se encuentra en las heces y se contrae con la ingestión de alimentos o bebidas contaminadas o a través del contacto directo con personas infectadas.

Es más frecuente en países en vías de desarrollo, con condiciones de saneamiento y prácticas de higiene deficientes.

La hepatitis A no suele ser grave, no es una enfermedad crónica y no produce daños en el hígado a largo plazo.
La vacuna de la hepatitis A y una buena higiene de las manos son aspectos clave para prevenir la enfermedad.

- **Hepatitis B**

La hepatitis B es una infección vírica del hígado causada por el virus de la hepatitis B (VHB) que puede dar lugar tanto a un cuadro agudo como a una enfermedad crónica potencialmente mortal. La transmisión más habitual es por el contacto con la sangre u otros líquidos corporales.
Representa un importante problema de salud a escala mundial. Se puede cronificar y conlleva un alto riesgo de muerte por cirrosis y cáncer de hígado. Sin embargo, existe una vacuna inocua y eficaz que requiere tres dosis y confiere una protección entre el 98% y el 100% contra la enfermedad y que, por tanto, permite evitar las complicaciones.

- **Tripe viral (SRP)**

La vacuna triple vírica o vacuna triple viral (conocida también como SPR y SRP) es una mezcla de tres componentes virales atenuados, administrados a través de una inyección para la inmunización contra el sarampión (vacuna del sarampión), la parotiditis "paperas" (vacuna contra las paperas) y la rubeola (vacuna contra la rubeola). Por lo general se administra a los niños y niñas aproximadamente al año de edad, con un refuerzo antes de comenzar la edad preescolar entre los cuatro y cinco años de edad. Es una vacuna usada de modo rutinario alrededor del mundo que protege contra los tres virus citados anteriormente: sarampión, paperas y rubeola.

- **Rabia**

La infección es causada por el virus de la rabia. La rabia es una enfermedad aguda mortal que afecta al sistema nervioso central y se transmite al hombre normalmente por la saliva, a través de mordeduras o arañazos de animales domésticos o salvajes que están infectados. Hasta en el 99 % de los casos de rabia, el virus es transmitido por perros domésticos.

La mejor forma de prevención es a través de la vacuna.

- **Fiebre tifoidea**

La fiebre tifoidea es una enfermedad infecciosa causada por la infección de la bacteria *Salmonella typhi*.

El mecanismo de contagio es fecal-oral, a través de agua y de alimentos contaminados con deyecciones. No debe confundirse con el tifus.

La adecuada manipulación de alimentos con las manos limpias, cocinar bien los alimentos y hervir el agua son cruciales para prevenir la fiebre tifoidea. Hay dos vacunas recomendadas, la vacuna vía oral y la vacuna inyectable, ambas protegen entre el 50% y el 80% de los casos, y se recomiendan a los viajeros que se desplazan a lugares donde la fiebre tifoidea es endémica.

- **Tétanos y Difteria (TD)**

El tétanos es una enfermedad infecciosa aguda grave causada por las esporas de la bacteria *Clostridium tetani*. Las esporas se encuentran en cualquier parte del medio ambiente, particularmente en el suelo, los intestinos y heces de animales y humanos. También en la superficie de la piel y de herramientas oxidadas como clavos, agujas, alambre de púas, etc. Se adquiere tras la infección de cortes o heridas en la piel por la bacteria Clostridium titani. El tétanos no se transmite de persona a persona.

La difteria es una infección muy contagiosa causada por el Corynebacterium diphtheriae que afecta generalmente a la garganta, pudiendo obstruir las vías respiratorias y dando lugar a un cuadro mortal. La enfermedad se transmite de persona a persona, por contacto físico próximo, aumentando la probabilidad en condiciones de pobreza y hacinamiento. Se previene con la vacuna que se administra combinada con el tétanos para prevenir las dos enfermedades.

Patologías más frecuentes

El viajero que va a Tanzania debe prestar atención y adoptar las medidas preventivas y pertinentes frente a las enfermedades más prevalentes, como es la diarrea del viajero, y extremar las precauciones frente a enfermedades transmitidas por mosquitos como la malaria y el dengue.

Para las siguientes enfermedades o síntomas no hay vacunas, pero sí fármacos que deberíamos considerar.

- **Diarrea del viajero**

La diarrea del viajero es un proceso infeccioso de carácter leve, en la mayor parte de los casos. Afecta entre el 20% y el 50% de las personas que viajan a zonas tropicales y subtropicales de África, Iberoamérica y el sudeste asiático.

Suele aparecer bruscamente durante los primeros días de viaje o pocos días después de regresar. La principal fuente de infección es el consumo de alimentos o bebidas contaminadas con microorganismos, comidas en mal estado y/o la ingestión de sustancias tóxicas.

Entre las medidas principales para prevenir las enfermedades gastrointestinales está el mantener una higiene correcta, beber agua embotellada, pelar la fruta, etc. Los probióticos tienen una eficacia significativa.

- **Malaria**

La malaria es causada por un parásito que se transmite a los humanos a través de la picadura de mosquitos *anofeles* infectados. Los parásitos ingresan en la sangre e infectan a los glóbulos rojos. Es importante ir al médico mucho antes de iniciar el viaje, ya que el tratamiento puede comenzar una semana antes de viajar al área de riesgo y continuar durante todo el desplazamiento hasta un mes tras el regreso.

- **Dengue**

El dengue es una infección causada por un virus. No se transmite de persona a persona. Es común en áreas cálidas y húmedas del mundo. En un principio es una enfermedad leve, pero hay formas graves que pueden poner la vida en peligro.
No existe un tratamiento específico. La mayoría de las personas con dengue se recuperan en unas dos semanas. El único método de prevención es el uso de repelentes para insectos que contengan una alta concentración de DEET.

Durante el viaje

- Lavarse las manos frecuentemente o, en caso de no ser posible, usar un desinfectante de manos.
- Beber agua embotellada. En caso de no tener acceso a ésta, hay que hervirla durante diez minutos y dejar que se enfríe a temperatura ambiente. Otra opción es usar tabletas de cloro, disponibles en farmacias, siguiendo cuidadosamente las instrucciones.
- Evitar los cubitos de hielo y helados.

- Beber leche envasada y derivados debidamente higienizados.
- Consumir verduras suficientemente cocinadas y servidas calientes.
- Tener precaución con las salsas.
- Pelar personalmente la fruta.

Después del viaje

Si al regreso del viaje se presenta algún problema de salud es recomendable recibir una valoración en un centro especializado en salud del viajero.

También es pertinente realizar una visita para una evaluación médica al cabo de tres meses de haber hecho el viaje ya que hay enfermedades que permanecen latentes y no se manifiestan inmediatamente.

Si necesitamos atención sanitaria por cualquier problema médico dentro de los doce meses siguientes de haber realizado el viaje es conveniente informar de que hemos visitado una zona tropical.

Síndromes de la alta montaña

Por baja temperatura

Hipotermia
Cuando la temperatura de nuestro cuerpo disminuye por debajo de la temperatura corporal normal (35°C).

Clasificación
- Sin hipotermia (37-35°C): el frío se manifiesta con temblores; hay dificultad para manipular objetos pequeños pero la persona es consciente del problema.
- Grado 1 leve (35-32°C): el cuerpo se mueve con lentitud y torpeza. Habla lenta, fatiga. Merma de consciencia del problema.
- Grado 2 moderada (32-28°C): estado de seminconsciencia. Desaparecen los temblores, y se produce desorientación y pérdida de memoria.
- Grado 3 grave (28-24°C): estado de inconsciencia. Bradicardia (disminución del ritmo cardiaco), bradipnea (disminución de la frecuencia respiratoria) y midriasis (dilatación de las pupilas). Muerte aparente.
- Grado 4 muy grave (24-13°C): estado de coma (muerte aparente). Rigidez en todo el cuerpo y muerte inminente.
- Grado 5 (<13°C): hipotermia irreversible.

Factores que favorecen la hipotermia
- Viento: aumenta la sensación de frío. El viento elimina el calor corporal al llevarse la delgada capa de aire cálido de la superficie de la piel. Multiplica por 10 la acción del frío.
- Humedad: multiplica por 14 la acción del frío y facilita la pérdida de calor por radiación.
- Altitud: la temperatura disminuye de media 0,5°C por cada 100 metros de altura.
- Equipo inapropiado: no llevar la vestimenta adecuada para las temperaturas en las que nos movemos acelera el riesgo de hipotermia. Los pies, orejas, manos y nariz se congelan mucho más rápido. No se deben olvidar las botas (no muy apretadas), un gorro (el cuerpo pierde el 30% del calor corporal a través de la cabeza) y guantes impermeables.
- Fatiga: la tolerancia al frío disminuye cuando tienes fatiga.
- Deshidratación: la hipotermia es equivalente a la deshidratación del cuerpo, por lo que debe beberse mucho líquido para mejorar la circulación y acelerar la recuperación de la temperatura corporal.
- Alimentación insuficiente: no ingerir un aporte suficiente de alimentos energéticos facilita la hipotermia.
- Consumir alcohol: produce sensación de calor en el cuerpo, pero hace que los vasos sanguíneos se expandan por lo que se pierde calor de la superficie de la piel más rápidamente.
- Diabetes, hipotiroidismo y trastornos vasomotores: estos trastornos de salud afectan la capacidad del cuerpo para regular la temperatura corporal.

Tratamiento contra la hipotermia
- Aislar del frío.
- Quitar la ropa húmeda y cambiarla por ropa seca.
- Tapar con mantas o saco de dormir calentado por otra persona.
- Colocar botellas de agua caliente en axilas, ingles y abdomen. Como alternativa a los casos anteriores se puede dar calor cuerpo a cuerpo.
- Tomar bebidas calientes y azucaradas. Evitar café, té y alcohol.
- Mover con suavidad a la persona y evitar que pierda calor interno. Riesgo de fibrilación ventricular.
- Traslado al hospital lo más pronto posible.

Congelaciones
Se produce cuando la piel y otros tejidos son dañados a causa del frío extremo. Las lesiones más frecuentes se producen en manos, pies, cara (nariz y orejas) por exposición a temperaturas inferiores a los 0°C puesto que son las zonas menos perfundidas (es decir con menos irrigación de sangre).

Clasificación
- Inicial: entumecimiento, disminución de sensibilidad y dolor al recalentar.
- Primer grado: dolor, hiperemia (aumento de sangre en un órgano o en una parte de este) y edema (retención de líquido) en la zona.
- Segundo grado: ampollas y ampollas serosas, no sanguinolentas. Disminución de la sensibilidad.
- Tercer grado: piel azulada, ampollas sero-hemáticas (aquellas que al pinchar expulsan un líquido con suero sanguinolento) que se transformarán en costras negras en unas dos semanas.

- Cuarto grado: ausencia de ampollas y edema. Tejido frío y muerto. Pérdida de tejido y pulso débil.

Factores que favorecen la congelación
Muchos de los factores que aquí intervienen son comunes con los de la hipotermia.
- Inmovilidad.
- Hiperventilación: se produce al respirar rápido y profundo. En este proceso se inhala oxígeno y se exhala dióxido de carbono, pero la excesiva respiración lleva a que se presenten bajos niveles de dióxido de carbono en la sangre que pueden ocasionar espasmos musculares en las manos o en los pies, debilidad, confusión, vértigo...etc. Es un fenómeno respiratorio que suele ser muy frecuente en aquellas personas que sufren ataques de pánico.
- Viento y humedad.
- Equipo inapropiado.
- Deshidratación, hipoxia (falta de oxígeno) y poliglobulia (exceso de glóbulos rojos comúnmente conocido como "sangre espesa").
- Alcohol y tabaco.
- Fatiga.
- Congelaciones previas.
- Heridas infectadas.
- Diabetes, arteriopatías (alteraciones en las arterias), conectivopatías (pueden afectar a varios órganos y provocan gran variedad de síntomas que pueden aparecer simultáneamente o de forma progresiva a lo largo de semanas, meses o años).

Tratamiento contra la congelación

- Retirar la ropa húmeda.
- Tener en cuenta que si quitamos las botas el edema no nos dejará volver a ponerlas.
- No frotar la parte afectada.
- Beber bebidas calientes y azucaradas.
- Evitar alcohol y tabaco.
- Recalentar solamente si se sabe que no se volverá a congelar.
- Calentar con agua a 37-38°C y un antiséptico, de 15 a 30 minutos o hasta conseguir que la piel tenga un color rosáceo y recupere la elasticidad.
- Traslado al hospital lo más pronto posible.

Por la hipoxia hipobárica

Mal de altura

El mal de altura se conoce también como mal de montaña, mal agudo de montaña (MAM), mal de páramo, soroche, apunamiento, puna o mal de puna.

Este trastorno aparece por la falta de adaptación del organismo a la hipoxia (falta de oxígeno) de la altitud.

No afecta de igual manera a todas las personas. El 22% experimentan los primeros síntomas al ascender de 1.850 a los 2.750 metros de altitud. Por encima de los 3.000 metros el 42% experimenta alguna molestia leve y a partir de los 4.500 metros afecta al 100%.

Este síntoma se suele dar con mayor frecuencia en menores de 50 años y en personas que residen habitualmente a menos de 900 metros de altitud.

Causas

A medida que aumenta la altitud, la cantidad de oxígeno disponible disminuye, afectando a la atención mental y psicológica de las personas.

La aparición de MAM depende de varias circunstancias de suma importancia:

- Desnivel realizado.
- Velocidad de ascenso.
- Factores individuales (cada persona responde de manera diferente a los estímulos de la hipoxia).

Otros factores de riesgo que pueden provocar el MAM si no se tienen en cuenta son:

- Tener antecedentes de haber padecido MAM en repetidas ocasiones.
- Dormir a la máxima altura alcanzada. Es recomendable seguir la consigna "subir alto y dormir bajo".

- Estar deshidratado. Si los fluidos corporales no están en la composición y volumen adecuados no se podrá hacer frente a cualquier entorno hostil que se presente.
- Hacer ejercicio muy intenso al principio.

Síntomas
- Mareos.
- Cefaleas.
- Náuseas y vómitos.
- Falta de apetito.
- Cansancio.
- Nerviosismo.
- Trastorno del sueño (somnolencia o insomnio, disnea).
- Elevación del ritmo cardiaco.

Hay varias escalas donde los síntomas de MAM definen su gravedad, una de ellas es la escala de Hackett, donde:
- Una puntuación de 1 a 3 implica un MAM leve que no impide la ascensión.
- Una puntuación entre 4 a 6 indica un MAM moderado, se recomienda no continuar ascendiendo, es necesario evitar el esfuerzo físico importante y el reposo absoluto que no favorece una correcta ventilación. Hay que hidratar al afectado. Si los síntomas no mejoran a las 6-24 horas hay que descender.
- Una puntuación superior a 6 indica un MAM severo.

El tratamiento médico es obligado o, si las condiciones lo permiten, hay que intentar descender. En este grado de severidad las dos complicaciones que se pueden dar son el EACA (edema cerebral por altura) y/o el EAPA (edema agudo pulmonar por altitud). En estos casos si es posible hay que descender por lo menos 500 metros con oxígeno. Si no se puede descender por condiciones climáticas adversas se debería usar una cámara hiperbárica portátil hasta que el afectado pudiera descender.

Puntuación del Mal Agudo de Montaña (MAM)		
Signo	Síntoma	Puntos
Cefalea	Ligera (cede con 500 mg. de Paracetamol)	1
	Severa (no cede con 500 mg. de Paracetamol)	2
Insomnio	Dificultad para conciliar el sueño, sueño intermitente	1
Tos	Tos seca	1
	Tos con expectoración espumosa hemorrágica	3
Vértigo, mareo	Sentirse aturdido, confundido o desorientado.	1
Náuseas o Anorexia	Falta de apetito	1
Vómitos		2
Ataxia	Dificultad para mantener el equilibrio	1
	Prueba de la marcha punta-tacón y/o Romberg (+)	2
	Caída al suelo y/o imposibilidad de levantarse	3
Disnea	Dificultad durante el esfuerzo. Frecuentes paradas para respirar	2
	Dificultad para respirar estando en reposo	3
Astenia severa	Cansancio severo que necesita ayuda para realizar labores cotidianas	3

Puntuación de Mal de Montaña (criterios de puntuación de Hackett)

<u>Prevención</u>

- Ascender lentamente, sobre todo a partir de los 3.500 metros.
- Respetar la máxima "subir alto, dormir bajo".
- Mínima exposición relativa a cotas superiores de más de 5.500 metros.
- Estar siempre bien hidratado y seguir una dieta variada rica en hidratos de carbono.
- Seguir la consigna "beber antes de tener sed y comer antes de tener hambre".
- No usar depresores del sistema nervioso central.
- No seguir ganando altura si los síntomas del MAM persisten.
- Conocer cómo funciona nuestro propio cuerpo con la altitud y respetar los tiempos de aclimatación.
- Si notamos algún síntoma en la altitud, pensar en la posibilidad de que estemos sufriendo MAM.
- Evitar tabaco, alcohol, somníferos y tranquilizantes.

Todo lo expuesto en ningún caso pretende reemplazar los consejos de un doctor cualificado.

Botiquín

- Termómetro.
- Protección solar para piel y labios.
- Repelente de insectos con alta concentración de DEET.
- Analgésicos (que reducen o alivian los dolores de cabeza, musculares, artríticos u otros achaques y dolores). Deben ser usados en caso de sospecha de dengue ya que están contraindicados los antinflamatorios.
- Acetazolamida (se utiliza como diurético para combatir algunas enfermedades pulmonares crónicas, el glaucoma, etc., y, en general, para tratar la retención de líquidos en el organismo).
- Antiespasmódico (utilizado para aliviar o calmar los espasmos o convulsiones).
- Dexametasona (para reducir la inflamación y la respuesta inmunitaria del cuerpo).
- Codeína (se emplea como analgésico y narcótico y para calmar la tos y la diarrea).
- Antihistamínico (sirve para reducir o eliminar los efectos de las alergias).
- Almagato (es un compuesto a base de aluminio y magnesio utilizado como antiácido, para neutralizar la sintomatología producida por el exceso de ácido gástrico o su presencia en esófago).
- Omeprazol (se usa para tratar el reflujo gastroesofágico, una afección en la que el flujo retrógrado del contenido gástrico del estómago provoca acidez estomacal y una posible lesión del esófago).

- Loperamida (se emplea contra la diarrea generada por una gastroenteritis o una enfermedad inflamatoria intestinal).
- Ciprofloxacino (utilizado para tratar ciertas infecciones causadas por bacterias como la neumonía; gonorrea -enfermedad de transmisión sexual-; fiebre tifoidea -una infección grave que es común en los países en desarrollo-; diarrea infecciosa -infecciones que ocasionan una diarrea intensa con peligro de deshidratación y que suele cursar con sangre, moco o pus-.
- Colirio hidratante (se usa para lubricar e hidratar el ojo).
- Material de curas:
  - Povidona yodada (empleado frecuentemente como desinfectante y antiséptico, principalmente para tratar cortes menores en la piel).
  - Gasas estériles.
  - Tiritas.
  - Vena adhesiva, esparadrapo.
  - Vena elástica (para hacer compresiones).
  - Tijeras.

¿Cuál es la mejor época para ascender el Kilimanjaro?

Pese a que el monte Kilimanjaro puede ser ascendido en cualquier estación del año, la recomendación sería evitar la principal época de lluvias, que va de marzo a mayo. El resto del año las condiciones no varían demasiado, aunque enero y febrero son los meses más aconsejables debido a la ausencia de precipitaciones y a las temperaturas más cálidas. De junio a septiembre se da la segunda estación seca, aunque las temperaturas serán las más bajas de todo el año.

No hace falta decir que en los meses en los que el clima es más benigno (enero, febrero, agosto y septiembre) se produce la mayor afluencia de montañeros.

En resumen, podríamos decir que:

- Enero y febrero: son los meses más cálidos.
- Abril y mayo: son los meses más lluviosos.
- Junio y julio: son los meses más fríos.
- Agosto y septiembre: son los meses más secos.

¿Por qué elegir la ruta Lemosho?

Hay diferentes motivos para elegir la ruta Lemosho:

- La ruta se aproxima por el oeste del macizo y se mueve por zonas más lejanas que el resto de los circuitos. Una de estas zonas es la meseta de Shira (Shira Plateau), con grandes vistas y un paisaje espectacular.
- La variedad del paisaje es otro de los alicientes de este recorrido que combina cinco ecosistemas: campos de cultivos, selva tropical, páramo semi-alpino o zona baja alpina, desierto alpino y zona de roca y hielo.
- Es la que presenta mayor dificultad, aunque esta es muy relativa, y a su favor tiene que es la menos concurrida de todas las rutas.
- Permite seguir la consigna "subir alto y dormir bajo", recomendable para evitar el mal de altura.
- Tiene una tasa de éxito por encima del 90%.

En resumen, esta ruta es de las más tranquilas, alejada y solitaria, con una ascensión lenta y progresiva, lo que proporciona mayores posibilidades de éxito.

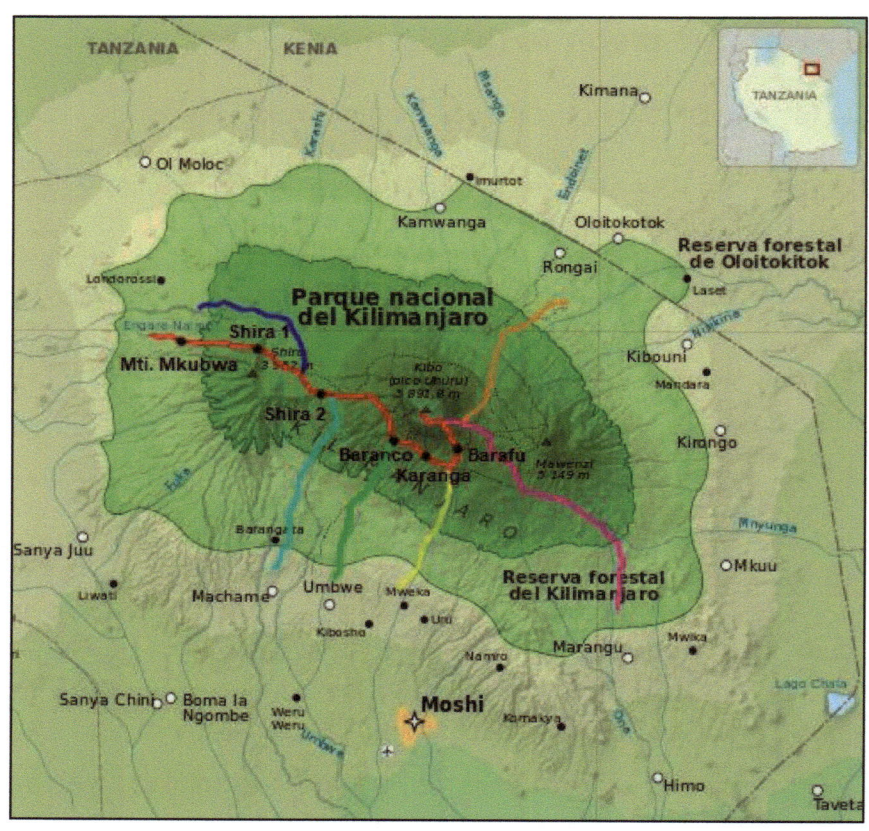

Ruta	Kilómetros	Desnivel +	Desnivel -	Días
Lemosho	70	4968	5599	7
Shira	68	4873	5402	6
Machame	64	5205	5443	7
Umbwe	52	4834	4990	6
Mweka	42	4202	4202	5
Marangu	69	4886	4886	5
Rongai	61	3810	4297	7

Propinas

Este es un tema delicado pero que inevitablemente surge en cada expedición, ya que éstas no se entienden como un extra en caso de recibir un buen servicio, sino que forman parte del salario del personal local y son obligatorias. Para evitar problemas es aconsejable consultarlo con la agencia antes de iniciar el trekking.

La propina suele darse siempre, independientemente de que se haya alcanzado o no la cumbre y el montante total por persona dependerá de la cantidad de días que dure el trekking. Generalmente se estipula una distribución jerárquica de las propinas de manera que el/los guías principales son los que reciben la mayor cantidad, seguidos por los guías asistentes, que reciben una cantidad mayor que los cocineros/camareros y, a su vez, estos una cuantía superior a la de los porteadores. El importe suele estar estipulado por categoría y día y, lógicamente, es opcional añadir un extra en función del trabajo y dedicación de los miembros del equipo.

La práctica habitual es entregar dichas propinas el último día de expedición para agradecer al equipo el trabajo realizado, y puede repartirse individual o globalmente al guía para que realice su distribución según la lista detallada que nosotros le habremos facilitado. Si se han respetado los importes esperados sin duda serán recibidas con júbilo y probablemente nos deleitarán con alguna danza y canción tradicional en nuestro honor.

En nuestro caso optamos por entregarle la cantidad total al guía y este delante nuestro fue llamando a cada integrante del equipo y entregándole la cantidad acordada.

La expedición estaba formada por tres montañeros y llevábamos un guía, un guía asistente, un cocinero, un camarero y doce porteadores. Para un total de siete días nos salió a unos 270$ por cabeza, pero hay que tener en cuenta que estos importes evolucionarán de año en año.

El equipo de guías y porteadores al completo

Agencias y operadores

A la pregunta ¿se puede subir sin un guía?, la respuesta es no, no se puede. Según la ley de Tanzania, para realizar la ascensión es necesario contar con al menos dos porteadores y un guía.

Se estima que cada año cerca de 50.000 personas intentan la ascensión al Kilimanjaro y esta actividad aporta trabajo a mucha gente, teniendo en cuenta que casi el 70% de los tanzanos vive por debajo del umbral de la pobreza. No hay datos oficiales de las autoridades del parque, pero se estima que entre el 60% y el 70% llegan a la cima.

TANAPA (Tanzania National Parks Authority) es el organismo responsable de gestionar el Parque Nacional del Kilimanjaro, entre otros, y la entidad que obliga a que todas las expediciones se realicen a través de un operador autorizado, que cuente con guías oficiales y que contrate porteadores locales. KPAP (Kilimanjaro Porters Assistance Project) por su parte es una ONG que se encarga desde el 2003 de que los operadores cumplan con una serie de requisitos, entre ellos que el guía y los porteadores tengan la suficiente preparación y conocimientos del Kilimanjaro, que estén adecuadamente equipados y que el número total de porteadores sea el adecuado de acuerdo con la regulación que obliga a que el peso que cada porteador acarrea no exceda de 20 kilos.

Podemos contratar el operador desde nuestro lugar de origen, bien a través de una agencia española o de una agencia tanzana vía internet, o localmente una vez estemos en Tanzania. Las localidades próximas de Arusha, Marangu y Moshi es donde se localiza el mayor número de operadores.

Si optamos por la primera opción y seleccionamos una agencia reconocida ganamos en comodidad y en seguridad, pero lógicamente el precio será superior, a veces sensiblemente superior.

Si preferimos decantarnos por una agencia tanzana, para obtener un precio más ajustado, será vital realizar una búsqueda exhaustiva en los foros de internet para comprobar las referencias de cada agencia local o basarnos en las experiencias de otros montañeros con los que podamos contactar.

Si por el contrario preferimos aventurarnos y contratar la ruta en Tanzania la ventaja es que, además de que el coste sea menor, existe la posibilidad de conocer con anterioridad a guías y porteadores y verificar el material que se va a utilizar. En este caso puede ser interesante recopilar las experiencias de otros viajeros que podamos encontrarnos en Arusha, Marangu o Moshi y que hayan completado la ascensión recientemente. Lógicamente, en este caso hay que prever el tiempo necesario para comparar in situ los diferentes operadores y en las épocas de mayor afluencia se podría llegar a dar el caso de no encontrar plaza. Y por supuesto, si algo sale mal reclamar a un operador local no será tarea fácil.

El trekking del Kilimanjaro

El jueves 12/9/19, sobre las 22 horas, un pequeño grupo de amigos formado por Jesús, Joan y Jordi se embarcaban desde el aeropuerto de Barcelona en un avión de la compañía Qatar Airways con dirección al aeropuerto del Kilimanjaro, haciendo escala en Doha (Qatar). Tras ésta, y llegar al destino sin incidentes el 13/9 sobre las 14 horas, les recibía fuera del aeropuerto Johnson, el enlace de la Operadora. Johnson era el encargado del traslado del grupo al hotel Panamá Resort en Moshi, donde podrían descansar y tomar unas cervezas, de la marca Kilimanjaro por supuesto, antes de partir al día siguiente hacia Londorosi.

Etapa 1: Lemosho gate – Mti. Mkubwa (4,57 Km. ↑491 m. ↓88 m.)

El día anterior habíamos quedado a las 8:30 de la mañana con Johnson, pero no tardaríamos en darnos cuenta de que el ritmo aquí sería muy diferente a lo que estábamos acostumbrados, y por si acaso nos lo recordarían constantemente con sus palabras "pole-pole", es decir "despacio-despacio". Así pues, el primero en aparecer fue Johnson, pasadas las nueve de la mañana, y posteriormente los guías y porteadores de manera que nuestra furgoneta arrancaba dirección al Kilimanjaro más allá de las 10, pole-pole... De camino, parada para completar el aprovisionamiento de comida y agua y llegada a la Londorosi gate, ubicada en la vertiente oeste de la montaña, después de unas dos horas y media de trayecto.

A nuestra llegada nos aguardaba otro test para poner a prueba nuestra paciencia: una cola inmensa de porteadores para proceder al pesado de los petates y mochilas y al registro administrativo en la ruta, pasos indispensables para iniciar la expedición en el parque, pole-pole... Poco a poco nos íbamos empapando del ritmo local, estaba claro que este trámite no iba a ser rápido, así que aprovechamos para almorzar. Nuestro primer menú consistió en un guiso de

Cola para el pesado de petates

patatas con carne y algo de fruta y, pese a que nos tomamos nuestro tiempo para terminarlo, la cola no había progresado excesivamente. Para rematarlo nuestro equipo era el que cerraba dicha cola, así que nos armamos de paciencia tanzana y nos refugiamos de la lluvia que empezaba a aguarnos la fiesta en la carpa dónde habíamos comido, ¿seguro que nos encontrábamos en la temporada seca? Suerte que los tres compartimos una afición común, el ajedrez, y habíamos venido convenientemente pertrechados con tablero y piezas para poder matar las horas muertas jugando.

Ya no hay vuelta atrás, iniciamos la ruta en la Lemosho gate

Completado el registro de entrada en la oficina del Parque Nacional del Kilimanjaro, abandonamos Londorosi gate, con el dudoso honor de ser los últimos, y nos dirigimos al inicio de nuestro trekking, la Lemosho gate, en un trayecto de algo más de media hora en furgoneta.

Durante el trayecto la lluvia arreciaba y al llegar al punto de partida decidimos prepararnos con todo el equipo de lluvia: pantalones y chaquetas impermeables, fundas para las mochilas y, como pasa siempre en estos casos, la ley de Murphy hizo su aparición y, una vez completamente equipados, dejó de llover. Afortunadamente esta fue toda nuestra relación con la lluvia durante el recorrido completo.

El sendero era ancho, limpio, bien definido y señalizado, no tenía pérdida, en algunos casos formaba terracitas en forma de escalones y la etapa no tenía ninguna dificultad así que se hizo tan rápida que no tuvimos tiempo ni de desentumecer los músculos. En poco menos de hora y media nos plantamos en el campamento Mti. Mkubwa, también conocido como Big Tree camp. La zona por la que transitamos era de bosque tupido, y en todo momento nos sentimos acompañados por el agradable sonido del canto de los pájaros, aunque por supuesto todos ellos permanecían invisibles al ojo humano, excepto algún cuervo despistado. Entonces aún no sabíamos que los cuervos constituirían posteriormente nuestra relación más habitual con la fauna del parque.

Eso sí, al ponerse el sol las temperaturas bajaban en picado y, pese a encontrarnos solo a unos 2.800 metros de altitud, en un claro del bosque, durante la cena registramos 13°C cuando durante el día habíamos alcanzado los 25°C. Cena completada, hora de descansar en las dos tiendas que teníamos que compartir entre los 3. La primera noche le tocó la tienda individual a Jesús y, pese a que llevaba un saco para temperaturas de hasta -15°C, pasó frío, despertándose en varias ocasiones de madrugada.

Etapa 2: Mti. Mkubwa – Shira 2 camp (15,93 Km. ↑1209 m. ↓109 m.)

La noche anterior Ernest, nuestro guía jefe, nos visitó en nuestra tienda comedor después de cenar para informarnos de que nos levantaríamos a las 6:30 para recoger, desayunar y a las ocho ponernos en marcha. Como por la noche no había nada que hacer solíamos acostarnos pronto y en nuestro caso a las 5:30 ya estábamos levantados. Así que, después de completar todos los preparativos, iniciamos la ruta a la hora acordada.

Al principio de la jornada continuábamos transitando por zona boscosa, que poco a poco iba a ir dejando paso a los páramos, dominados por los brezos.

Nuestra primera visión del Kilimanjaro

A mitad del recorrido previsto Ernest nos propuso un cambio respecto al programa inicial, que establecía que esa noche dormiríamos en el campo Shira 1, de manera que continuáramos hasta el campo Shira 2. Ese cambio nos tenía que permitir aclimatar mejor y además, según su opinión, consumir dos jornadas para llegar al campo Shira 2 era un desperdicio. Teniendo en cuenta que llevábamos un buen ritmo, que nos sentíamos fuertes y que nuestro objetivo era la mejor aclimatación posible no pusimos ninguna objeción.

Durante esa etapa el sendero era parecido al del día anterior, ancho, bien definido y sin pérdida posible. En cuatro horas nos plantamos en Shira 1, donde nos detuvimos para almorzar. Posteriormente la ruta proseguía por el altiplano conocido como Shira Plateau, sin apenas desniveles

Atardecer en Shira 2 camp

remarcables, de manera que después de caminar durante dos horas y media y recorrer diez kilómetros alcanzábamos el final de la etapa, el campo Shira 2. En el camino pudimos disfrutar de las primeras vistas del Uhuru Peak, como ellos llaman a la cima Kibo, un cono perfecto, rodeado de su glaciar, que nos estaba esperando, altivo, imponente. Además, también pudimos contemplar el monte Meru, en dirección oeste, y al este el Mwenzi. En este campamento nos encontrábamos a una altitud aproximada de 3.800 metros y la sorpresa del día fue descubrir durante la cena que nuestra tienda-comedor tenía algunos descosidos por los que se colaba el frío exterior, resultado: cena a 9ºC. A partir de ese día Jesús y Joan compartirían tienda para dormir, dado que Jordi contaba con el saco más potente y no requería de calor humano para luchar contra el frío nocturno en su tienda exclusiva. La noche no tuvo piedad de nosotros y el termómetro rondó los 0ºC, volviendo a hacernos sentir las inclemencias climáticas en nuestros cuerpos.

Etapa 3: Shira 2 camp – Baranco camp (11,99 Km. ↑919 m. ↓600 m.)

Empezamos el día como siempre, levantándonos a las 6:30 y sobre las ocho nos poníamos en marcha en dirección a la Lava Tower, también denominada Shark's Tooth (Diente de tiburón). En esta etapa empezamos a notar la altitud así que las instrucciones eran claras: seguir un ritmo tranquilo para poder ir aclimatando adecuadamente. La vegetación adquiría otra perspectiva muy diferente, nos encontrábamos en el desierto alpino y la vida vegetal era cada vez más escasa. Al cabo de tres horas alcanzamos la Lava Tower, el punto más alto de la etapa con sus 4.600 metros de altitud. La verdad que pensábamos que nos tocaría subirla para completar la aclimatación, y de hecho ya especulábamos con sumar un 4000 a nuestro currículum, pero el guía nos dijo que actualmente está prohibida su ascensión desde que un par de personas, después de alcanzar la cima, no supieran bajar y tuvieran que ser rescatados. Pues nada, en lugar de gastar energías en ascensiones prohibidas, aprovechamos para resguardarnos entre unas rocas del frío viento que soplaba con fuerza y almorzar. De esta manera, permaneciendo un buen rato a esa altura, íbamos acelerando la aclimatación de nuestro cuerpo. Por supuesto la comida nos supo a gloria: pollo frito y empanadas de atún. Una vez saciados iniciamos el descenso por un camino serpenteante en dirección a Baranco camp y empezamos a observar unas plantas gigantes, las Dendrosenecio Kilimanjari, que serían uno de los especímenes vegetales más espectaculares con los que nos toparíamos durante la ruta.

Rumbo a nuestro objetivo

De todas maneras, la altura se empezaba a notar y ese día comenzaron a aparecer algunos dolores de cabeza, aunque nada que de momento hiciera peligrar el éxito de la empresa.

Llegados al campamento, una vez más observamos la gran diferencia de temperatura que existe entre el día y la noche a una altura de 4.000 metros, mientras al mediodía podíamos tener una temperatura de 20ºC y caminar en manga corta, por la noche dentro de la tienda la temperatura descendía hasta los 5ºC.

El Kilimanjaro cada vez más cerca

Etapa 4: Baranco camp – Karanga camp (5,51 Km. ↑450 m. ↓327 m.)

Después de pasar la noche bajo el imponente muro del Gran Baranco Wall nos dirigimos hacia Karanga camp, situado a 3.995 metros de altitud, no sin antes salvar una pared de 300 metros que constituía el único tramo un poco técnico de la ruta. De hecho, resultó ser bastante más fácil de lo que pensábamos, ya que el principal problema radicaba en el hecho de que solo había unos pocos pasos fáciles y por ellos tenían que pasar todos los expedicionarios de diferentes grupos, sus guías, los porteadores y el resto de acompañantes de cada equipo, cosa que lógicamente ocasionaba acumulaciones de gente en estos pasos, con sus correspondientes esperas. Cierto es que los porteadores arriesgaban por algunos pasos más complicados,

Nuestras tiendas en Karanga camp

Cada día era un espectáculo observar el atardecer

ayudándose unos a otros con los petates, pero esto no era suficiente para conseguir la descongestión de los pasos principales.

Una vez superado este ligero escollo pudimos reposar en el altiplano para contemplar la majestuosidad de Kibo, nuestra meta final y también el mar de nubes que se encontraba a nuestros pies. Nos encontrábamos en el punto más alto del día, desde aquí la ruta bajaba al valle y nos conducía al campamento, no sin antes volver a subir y bajar otra colina intermedia.

Aunque la altura se seguía notando, nuestro paso era continuo, "pole-pole", de manera que invertimos tres horas y media en llegar al campamento.

Etapa 5: Karanga camp – Barafu camp (3,67 Km. ↑603 m. ↓61 m.)

Un día más nos levantamos a la hora acordada y tuvimos un día tranquilo, ya que la ruta era muy asequible, y en poco menos de tres horas cubrimos el recorrido. Una vez instalados en el campamento empezamos a notar el gusanillo, por fin estábamos a las puertas del ataque definitivo a la cima, la etapa reina, y quien más quien menos tenía sus dudas y sus temores. Para poder descansar un poco la cena se sirvió muy pronto, sobre las 6 de la tarde, y después de ella tocó el último briefing por parte de nuestros guías: sobre todo llevar diversas capas de abrigo, puesto que el ascenso se iniciaría a las 12 de la noche con temperaturas claramente por debajo de los 0ºC, y mentalizarse para llevar un ritmo muy tranquilo pero constante. A las 7 pues estábamos enfundados en nuestros sacos, con la perspectiva del toque de diana a las 11 de la noche y poco tiempo de descanso por delante.

Algunos de los porteadores de las diferentes expediciones

El glaciar del Kibo desde Barafu camp

Etapa 6: Barafu camp – Uhuru peak – Mweka camp (19,98 Km. ↑1296 m. ↓2980 m.)

El plan se cumplió a rajatabla y a las 11 nos levantábamos para afrontar la etapa final, aunque los 2ºC que registrábamos dentro de la tienda no invitaban mucho a abandonar el calorcito del saco. Una vez pertrechados con el correspondiente equipo alpino, un té calentito y unas galletas nos esperaban para cargar pilas antes de iniciar el esperado ataque final. La mala noticia era que uno de los

El Mawenzi

tres expedicionarios, Jesús, no se encontraba en su mejor momento, mientras sus otros dos compañeros se encontraban bien físicamente, sobre todo Jordi que antes de venir había estado aclimatando en altura por Sudamérica.

A las 00:15 nos poníamos en marcha, la jornada era la más larga y dura, sin lugar a duda, pero la más reconfortante si éramos capaces de alcanzar el objetivo final. Hacía mucho frío, la previsión era que en la cumbre estaríamos a -15ºC, pero íbamos bien abrigados, así que en teoría no lo notaríamos. En el cielo nos acompañaba la luna llena, de manera que desde el primer momento divisábamos el glaciar de Kibo y podíamos ver la serpiente luminosa de expedicionarios en dirección a la cumbre. El paso era lento pero constante y aprovechábamos para adelantar algún grupo numeroso para que no nos

Tiendas por todas partes en Barafu camp

retrasara en exceso su paso más parsimonioso. Al cabo de dos horas, Jesús se sintió mal y comentó al grupo que abandonaba, que no quería ralentizar más la marcha del grupo y que la mejor opción para él era bajar, el grupo reaccionó con sorpresa e intentaron convencerle de que siguiera, pero no lo consiguieron. Así pues, el guía jefe, Ernest, siguió con Joan y Jordi y su asistente, Laurence, se quedó con Jesús. Lo cierto es que al final no abandonó (en su diario detalla su

En la cima con los dos guías

experiencia) y más tarde se reencontrarían los tres y llegarían juntos a la cima. De hecho Joan fue finalmente el que llegó en último lugar, y su andar delataba que llegaba con síntomas de ataxia, pero poco importaba ya, todo fueron abrazos y alegrías. Jesús se abrazaba a Laurence, si no hubiera sido por él no habría llegado y se lo hizo saber, el guía se emocionó y así lo delataban sus ojos.

La cima estaba bastante concurrida y, aunque ya había amanecido, seguía haciendo frío. Nos quedamos en ella unos diez minutos, tiempo suficiente para hacernos un montón de fotos, en grupo,

El glaciar visto desde la cima

individuales, del glaciar, del cráter, etc.

Ahora que ya habíamos hollado la cima y tocaba bajar, ¡qué diferencia!, la adrenalina nos hizo volar y volvíamos al campamento rápidamente, lo que habíamos tardado siete horas en subir lo bajamos en hora y media. Antes de llegar al campamento nos vino a recibir parte del equipo y se ofrecieron a bajarnos las mochilas. Inicialmente nos resistimos, pero insistieron y parecía que nuestra negativa podía considerarse una descortesía por lo que finalmente optamos por dárselas. A la llegada al campamento, más abrazos del resto del equipo, felicitándonos por haber logrado la cima. Teníamos por delante una hora de descanso antes del almuerzo y, aunque estábamos cansados y somnolientos, tras las pocas horas de sueño de la noche anterior, no conseguimos conciliar el sueño y nos pasamos el rato hablando de cómo había ido la etapa y de la suerte que habíamos tenido con el equipo que nos había tocado. Después de descansar una hora, aproximadamente, y disfrutar de un almuerzo que nos supo a gloria, mochilas al hombro otra vez y a seguir el descenso puesto que nos quedaban unos 1.800 metros de desnivel, pero el terreno era bueno y en unas dos horas y media llegábamos al campamento de Mweka, otra vez en la parte alta de la selva tropical.

Etapa 7: Mweka camp – Mweka gate (8,83 Km. ↑0 m. ↓1434 m.) Aunque era el último día no hubo tregua, teníamos que levantarnos temprano porque en Mweka gate había que recibir el certificado que acreditaba el logro de haber alcanzado la cima y, teniendo en cuenta lo que ya habíamos vivido en el proceso inicial de acreditación y pesado de los equipajes, era de prever que volveríamos a sufrir una cola. A estas alturas la filosofía del "pole-pole" ya la teníamos clara.

Después del desayuno, procedimos con el ritual del reparto de propinas: entregamos el dinero y la lista de cantidades a repartir al guía jefe y él se encargó de reunir al equipo y leer nuestra lista. En general dichas propinas, ya estipuladas no nos engañemos, fueron recibidas con alegría y en señal de agradecimiento fuimos agasajados con la última sesión de

Caminando por la densa selva tropical

canciones y bailes, que recibimos con una cierta melancolía después de los días compartidos con ellos.

Cumplido este trámite iniciamos la caminata final, un paseo que transcurrió por un amplio camino que se convirtió en una pista apta para vehículos en el tramo final. En algo menos de dos horas llegamos a Mweka gate e inmediatamente aprovechamos para regalarnos unas cervezas fresquitas como premio, otra vez Kilimanjaro por supuesto. Después de tantos días de abstinencia, puesto que dentro del parque está prohibido el alcohol, nos supieron a gloria. Tras compartirlas con los guías y algún porteador que asomó por allí, recibimos nuestros correspondientes certificados, no sin antes

Joan celebrando la llegada a Mweka gate

haber tenido que esperar más de una hora, "pole-pole" …

Diarios de expedición

Diario de Jesús

He llegado a Tanzania acompañado de mis amigos Joan y Jordi, nuestro objetivo es el Kilimanjaro y cada uno de nosotros ha estado entrenando con la intención de conseguir el propósito de este viaje. Yo he estado en Kirguistán con la familia y he aprovechado para ascender montañas en las cordilleras de Kakshaal Too y At Bashí, aunque la cota máxima alcanzada ha estado por debajo de los 4000 m.

Después de holgazanear durante todo el día y de una copiosa lluvia, llega el momento de la verdad. Salimos de Lemosho gate, estoy emocionado y contento, seguro de mí mismo, hasta el día de hoy he conseguido todo lo que me he propuesto, he leído y me he informado mucho sobre el Kilimanjaro y voy muy confiado.

Llegamos a Mti. Mkubwa en poco más de una hora, ha sido un primer contacto y lo he disfrutado, ha sido un espectáculo visual y sonoro, una vez todos juntos en el campamento, foto de rigor, cena y a dormir.

Hoy he dormido solo en una de las tiendas y, pese a llevar un buen saco, he pasado frío y me he despertado varias veces por la noche. Esto no pinta muy bien ya que solo estamos a 2800 m., tendré que dormir con más ropa a partir de ahora.

Nos ponemos en marcha y arrancamos con fuerza. Nos sentimos todos bien, con confianza, y a mitad de camino del Shira 1 camp Ernest, nuestro guía jefe, nos propone alargar la etapa hasta Shira 2 camp. Nos ve fuertes y nos servirá para aclimatar mejor los próximos días o sea que por nuestra parte no hay objeción. En la parte final del recorrido hemos podido observar el Kilimanjaro en todo su esplendor, imponente delante de nosotros, desafiante. Lo hemos observado con respeto, queda mucho todavía para llegar hasta su cima.

Hoy he compartido tienda con mi amigo Joan, la verdad es que he vuelto a pasar frío y, por si no fuera suficiente, me he levantado con dolor en la boca. Hemos caminado por un escenario de desierto alpino, pero el paisaje no deja de ser impresionante, miras hacia atrás y puedes observar como en el camino serpenteante los porteadores de los diferentes grupos llevan nuestras mochilas en la cabeza. Me sorprende ver que entre ellos hay alguna mujer, lo cierto es que solo he visto un par, pero me alegro de que se abran camino en un trabajo tan duro como este, reservado hasta ahora solo para los hombres.

A esta altitud empiezas a notar sus efectos y en nuestro caso impera el sentido común, hacemos nuestra la expresión "pole-pole" y nos tomamos nuestro tiempo para llegar a Baranco camp. Nos hacemos las fotos de rigor de cada día a la llegada del campamento y contemplamos la pared que tendremos que subir mañana, vista desde abajo parece inexpugnable sin arnés y cuerda.

Como cada día por la noche hace mucho frío duermo con doble pantalón y una térmica, con esto he conseguido dormir confortablemente. Ahora el problema es otro, parece que me ha salido una infección en una muela y tengo un flemón que me duele bastante. Me tomo ibuprofenos cada ocho horas, pero cuando se me pasan los efectos del medicamento veo las estrellas. Es increíble, a veces creo que la ley de Murphy existe, llevo años sin problemas bucales, me vengo una semana a Tanzania y me tiene que salir un problema en la boca.

Por la noche me encuentro muy apático, voy todo el día con analgésicos, sin ganas de comer. Por la noche nos visitan Ernest y Laurence con la intención de que volvamos a hacer dos jornadas en una, pero ahora es diferente, porque les planteamos que si ahorramos un día y el día que nos toca hacer cumbre no lo consiguiéramos, si podríamos intentarlo al día siguiente. La respuesta es clara: NO, la nuestra también, haremos las jornadas como estaban estipuladas.

Subimos el "muro" fácilmente, sin arnés ni cuerdas, vamos trepando sin problemas, no hay pasos aéreos ni nada por el estilo, es mucho más fácil de lo que esperábamos ya que desde abajo parecía más complicado. Una vez salvado este obstáculo, descansamos y contemplamos una vez más el Kibo con su glaciar, la gente aprovecha para hacerse fotos delante de la inmensa mole que tenemos delante. A partir de aquí el camino transcurre muy suave hasta el nuevo campamento.

El recorrido hasta Barafu camp ha sido muy tranquilo, a un ritmo muy pole-pole, hemos tardado casi tres horas en cubrir una distancia de aproximadamente cuatro kilómetros, aquí queda claro que la altura se deja sentir.

Nos vamos a dormir a las seis de la tarde, hay que dormir un poco antes del asalto final que será a las 00:00 de la noche. Suena el despertador, son las 11 de la noche, la temperatura dentro de la tienda son 2ºC, hay nervios, nos espera un día largo y duro. La verdad es que no me encuentro en mi mejor momento, el flemón me está impidiendo comer con normalidad durante los últimos días y he agotado mis existencias y las de Joan de ibuprofeno y paracetamol. Por si esto no fuera suficiente, sueño, problemas intestinales y sin nutrientes en el cuerpo, la cosa no pinta muy bien para mí, pero bueno, no quiero pensar en ello y hay un objetivo que cumplir.

Nos ponemos en marcha a la hora acordada y, al cabo de dos horas, me siento mal y comento al grupo que abandono, que no les quiero ralentizar la marcha y que la mejor opción es bajar. El grupo reacciona con sorpresa, hasta ese momento yo no había dado motivos de flaqueza, e intentan convencerme de que siga, de que no importa el ritmo que llevemos. La verdad es que no es una decisión fácil de tomar para mí, nunca he abandonado nada que me haya propuesto, y después de leer tanto sobre el Kilimanjaro, especialmente que se trata de una ascensión fácil, que no tiene ninguna complicación técnica, resulta que a las primeras de cambio tengo que abandonar. Me despido de mis compañeros deseándoles suerte, estoy seguro de que ellos sí lo conseguirán. Hecho esto me sorprendo de mi estado de ánimo, no hay tristeza ni desolación, no pasa nada, decido en ese instante que ya volveré en otra ocasión y lo haré por otra ruta para poder disfrutar otra zona del Kilimanjaro. Así pues, el guía jefe, Ernest, sigue con Joan y Jordi y su asistente, Laurence, se queda conmigo aplicando una potente terapia psicológica durante cinco minutos: "no abandones ahora que estás aquí", "tú puedes", "olvídate del dolor", "inténtalo" y cosas por el estilo. La terapia surte efecto y decido intentarlo. El paso es lento y el tiempo vuela, miro hacia la cima y veo que todavía falta muchísimo para llegar, veo las luces de los frontales arriba del todo y pienso que mis amigos ya deben estar muy arriba, ¡qué envidia! Miro hacia abajo y prácticamente veo que somos los últimos, entonces me viene un bajón anímico, me paro y le digo a Laurence que los efectos del paracetamol se me han pasado y que la boca me duele mucho. Es increíble el trabajo de coach que hace Laurence conmigo, me vuelve a convencer y seguimos hacia arriba. Sigo andando, pero sin mucho convencimiento, con el estómago vacío es complicado avanzar a esa altitud y una hora más tarde me vuelven a entrar las dudas, pero antes de decir nada decido consultar la altura en el GPS: ¡5500 metros! Eso significa que ya he hecho más de la mitad y en ese momento tomo la decisión de seguir, llegaré a la cima como sea. Apretamos un poco más el paso y cuál será la sorpresa general cuando nos volvemos a juntar todos otra vez. Abrazos y risas entre amigos, ahora ya no nos volveremos a separar y con paso lento pero firme llegamos a Stella Point (5.739 m.) justo en el borde del cráter. Parada de cinco minutos para descansar y observar el horizonte ya que empieza a clarear. Todos estamos eufóricos porque la cima está muy cerca, nos dirigimos hacia allí admirando el cráter, los restos del glaciar, el amanecer, la verdad es que es un espectáculo visual que aun retenemos en la mente cuando a las 7:15 llegamos a la cima. Nos hacemos todo tipo de fotos y bajamos al campamento, bueno más que bajar lo cierto es que volamos, he tardado poco más de siete horas en subir y el mismo trayecto de bajada lo hago en ¡¡¡hora y media!!! Una vez en el campamento, almorzamos, descansamos un poco y bajamos al Mweka camp.

La caminata del último día no tiene ninguna complicación, es todo bajada, a mí que me gusta imprimir un ritmo rápido en la bajada lo hago en menos de dos horas acompañado de Laurence. Esperamos en Mweka gate a que lleguen Joan y Jordi con Ernest y al final lo celebramos con unas cervezas mientras esperamos los respectivos certificados que acreditan el ascenso al Uhuru peak.

Diario de Joan

Pues nada, el vuelo ha partido del Prat como estaba previsto y aquí estamos volando hacia Tanzania, con aquella emoción de cuando te embarcas en una aventura, pero con el desasosiego de pensar: "¿y si no lo consigo?". Sé que no conseguirlo me supondría una frustración muy grande … repaso mentalmente y creo que he hecho todo lo que tenía que hacer: 10 Kg menos desde abril, salidas a correr regulares durante el verano, un 3000 en agosto y una semana en el Pirineo coronando una cima cada día, pero la máxima altura han sido 3144m., nada que ver con la magnitud de los 5895m. del Kilimanjaro. Y tengo un mal recuerdo de cuando intenté el volcán El Misti en Perú en 2004, un 5822m., ¡solo 73 m. menos! Es verdad que no me había preparado, pero tenía 15 años menos… En fin, no hace falta darle más vueltas, ya estamos en Moshi y dispuestos a completar el primer reto: tomarnos nuestra primera cerveza Kilimanjaro. Ya habrá tiempo de preocuparse de cómo llegar a la cima.

El primer día es una toma de contacto, una espera inacabable para pasar los trámites de pesado de los petates, una pérdida de tiempo en ponernos el equipo de lluvia para nada, como era de esperar, y un corto trayecto de poco más de hora y media para llegar al primer campamento. Aunque el trayecto ha sido corto, hemos adelantado 3 grupos. Esto no es una competición, pero anima ver que parece que no tenemos mal ritmo. En el campamento estrenamos nuestra coqueta tienda-comedor y yo me voy a dormir con la sensación de que caminar no sé, pero el tema comer lo llevamos bien. Eso sí, a las hormigas la que les parece coqueta es nuestra tienda y tenemos que desalojar unas cuantas. Entre los nervios y el frío nocturno la verdad que no paso muy buena noche.

El segundo día estrenamos la que será nuestra rutina los próximos días: levantarnos pronto para desayunar (tampoco hay mucha cosa que hacer en estos campamentos por la noche) y emprender la marcha sobre las 8. La primera parte del recorrido es un poco rompe-piernas para luego dar paso a la subida continua hasta el Plateau de Shira. Se me aparecen todos los fantasmas, no me siento sobrado de fuerzas, me cuesta seguir el ritmo del grupo y solo estamos a unos 3200 m. de altura. La verdad que como mínimo el paisaje resulta muy diferente al bosque lluvioso del día anterior e incluso a lo que (al menos yo) he visto en otras regiones, así que de momento vamos a mentalizarnos en disfrutar del paisaje. En 4 horas nos plantamos en el campo Shira 1 y los guías ya nos han propuesto alargar la jornada hasta Shira 2. Parece que eso mejorará nuestra aclimatación así que adelante. La verdad que el sol ha desaparecido a media mañana y el cielo se muestra amenazador en un Shira 1 donde nos acompaña un viento "demasiado fresquito". Eso sí, no sé si gracias al viento o a su diseño en estos lavabos sí se puede respirar.

La parada de la comida se alarga hasta 2 horas y media. No parece que para preparar sopa, pasta y pollo haga falta tanto tiempo, pero la filosofía del "pole-pole" (despacio, despacio) se impone siempre. Remprendemos la marcha y en 2 horas y media nos plantamos en el Shira 2, no sin antes esperar a Jordi que recupere sus gafas, olvidadas por el camino, ni sin controlar a Jesús que no soporta esperar y quiere ir tirando, ay ansiedad, divino tesoro ... Una vez en el campamento otra vez el chef se toma su tiempo para cocinarnos la cena y la hora y media de espera nos sirve para descubrir que la tienda-comedor tiene un par de "sietes" por donde entra el frío exterior. Total, que cuando nos sirven la cena encuentran tres estatuas de hielo. Ya no nos parece tan coqueta la tienda ... Al menos, pese al frío duermo un poco mejor.

Es la tercera jornada y la primera sorpresa del día es que en los lavabos "hoyo-en-el-suelo" se genera corriente de aire, de manera que cuando tiras el papel al agujero el aire te lo devuelve, cosa que te obliga a ser casi Keanu Reeves en Matrix para evitar "el marrón". Hoy también disfrutamos por primera vez de una ceremonia matinal de buena fortuna, con música y bailes por parte de nuestra tropa. Tenemos por delante un primer reto importante pues el punto intermedio está fijado en Lava Tower, a 4600 m. de altura. Esta será la primera piedra de toque para valorar nuestra situación real. La verdad que el camino está plagado de gente (otros grupos con sus correspondientes porteadores) y, como cada día, adelantamos otros grupos más lentos, cosa que mejora mi confianza.... Bueno eso y el hecho de que, como me suele pasar en las travesías de varios días, a medida que pasan los días me siento cada vez mejor físicamente. Parece que la crisis del segundo día está superada. La verdad que la altura se empieza a notar en la subida final, pero en 3 horas y cuarto nos plantamos en el collado Lava Tower donde paramos a comer. Allí nos esperan nuestros ayudantes, acompañados de un viento frío, pero soportable. Tras almorzar y permanecer un rato aclimatando nuestro cuerpo a la altura, emprendemos la marcha hacía el Baranco Camp, donde nos plantamos en 1 hora y media, pese a las incontables paradas a tomar fotos. El paisaje es plenamente volcánico, con restos de diferentes erupciones, pero desgraciadamente el sol se ha escondido. Revisamos nuestros números, hemos tardado 4h45m cuando nuestra información hablaba de unas 6 horas, hay que ser positivos. Pero no, al cabo de un rato en el campamento empiezo a notar malestar y creo que no es un tema de insolación si no que tengo un resfriado manifestándose. Cena y propuesta por parte de los guías de acortar un día el recorrido, pero no vemos la necesidad de adelantarnos a la planificación inicial. La noche fresquita, 5 grados dentro de la tienda, pero durmiendo abrigado se soporta bien.

Iniciamos el 4º día a las 8:35 sin bastones puesto que nos espera la única jornada que incluye trepadas hasta que alcancemos los 4200 m. La verdad que el camino es sencillo, para cualquier persona habituada a la montaña, y el principal obstáculo es la acumulación de gente en los pasos buenos. Una vez superado el Baranco Wall, disfrutamos de nuestra parada con vistas sobre las nubes y con una pléyade de "guiris" tomándose "fotos chorras", actividad a la que acabo sucumbiendo después de criticarla primero, cuanto daño ha hecho Instagram... A partir de aquí el camino es un sube-baja constante hasta llegar al Karanga Camp, a 3995m. Hoy no hemos adelantado a casi nadie, pero tampoco el camino se prestaba mucho y hemos realizado 2 paradas potentes, o sea que ¡nada de sufrir! Jesús da síntomas de no estar muy fino y le insisto que para llegar a la cima tiene que superar dos de sus señas de identidad: la ansiedad y la negatividad. A mí el resfriado no me ha molestado mucho, más allá de la mucosidad. 4 grados en la tienda y vuelvo a tener frío.

5º día, el último día de transición antes del ataque final. Se respira en el ambiente que ya tenemos el gusanillo asomando. En solo 3 horas nos plantamos en el Barafa Hut, a 4673 m., última parada antes de la cumbre ... si la alcanzamos. Cenamos a las 5 y después toca briefing con los guías para revisar el equipo a llevar: que si 3 pantalones, que si 4 capas, que si 2 calcetines, como diría Astérix ¡están locos estos tanzanos! A la cama a las 7, puesto que nos van a despertar a las 11 para salir a las 12, ¡qué nervios! En fin, alea jacta est.

6º día, ha llegado el día D ... o mejor la noche D. Dentro de la tienda marca 2ºC, o sea que el panorama es que la temperatura exterior será claramente negativa. Por suerte, cuando nos decidimos a salir, ha amainado el viento de las últimas horas y que presagiaba una sensación de frío polar. Repaso mi indumentaria, 4 capas en el cuerpo, controlado, 2 capas en las piernas, controlado, buff de -10 grados, mis calcetines testados en expediciones en los Alpes (¡sospecho que en verano!) y doble guante. Pues nada, ya estamos disfrazados de muñeco Michelín, así que desayuno rápido y a las 12:10 emprendemos la marcha con una temperatura estimada de -14ºC. Al poco rato problemas con el buff, me tengo que quitar un guante, problemas para volver a ponerme el guante, ¡qué difícil es manipular cualquier cosa cuando hace tanto frío!

Los guías van sin bastones (que son de *Mzungu*) y sin frontal (que debe ser de miope). La verdad que hay muchos grupos subiendo y empezamos otra vez con el vicio de adelantar otros grupos.

Sobre las 2, cuando ya estamos a unos 5100 m., Jesús dice que no se encuentra bien, que le duele la cabeza y que por el bien del grupo cree que es mejor bajar. Jordi y yo le respondemos que nos da igual tardar más y que podemos ir más lentos, pero Jesús insiste que no se ve subiendo (me viene a la mente con claridad el momento en que le dije que si quería alcanzar la cima tenía que dejar de lado su proverbial negatividad...). Afortunadamente los guías proponen dividirnos en 2 grupos, de manera que Jordi y yo tiramos con el guía jefe y el otro guía se queda con Jesús para ir dándole collejas cuando toque.

Así pues, nosotros seguimos adelante y cuando ya vamos a adelantar al 5º grupo del día (por lo menos) noto algo en la boca, es el hígado y alguna víscera más a punto de salir, así que miro este grupo: un chico con claro exceso de peso, una chica con poca pinta de hacer deporte, perfecto, son los míos, ¡ya vale de hacer de tanzano! Me quedo a rebufo de ellos con mis manos y pies medio congelados (a ver si no estarían tan locos estos tanzanos...).

Al cabo de poco este grupo se para y ya no tengo excusa, hay que seguir a los míos, pero la sensación es que han quitado el oxígeno o algo porque cuesta horrores subir. Bueno, me cuesta horrores a mí, Jordi va con eco-diesel o algún producto extraño y va tirando, pero a mí me falta de todo ¿por qué no hacen ascensiones con oxígeno como en el Himalaya?

A las 4 volvemos a parar, ya estamos a unos 5400 m. y el guía nos da un té... ¿¿un té?? No fastidies, ¡¡dame una bebida energética, una cervecita o pínchame adrenalina intravenosa!! La verdad que al iniciar la ruta nos encantó que hubiera luna casi llena y tuviéramos bastante visibilidad, pero ahora te das cuenta de que eso te permite mirar hacia arriba y ver perfectamente el glaciar que todo el rato está muuuuuuy arriba, ¿seguro que estaremos avanzando?

La verdad que yo ya empiezo a ir muy tocado y aún falta mucho. (Abro momento lagrimilla) el guía se llama Ernest, como mi padre, en paz descanse, y eso lo consideré como una señal positiva y un motivo para llegar a la cima en su memoria (cierro momento lagrimilla). (Abro momento realista) si digo de bajarme le puedo boicotear el ascenso a Jordi, que va como una moto, porque el guía no me dejará bajar solo o sea que toca apretar los dientes y seguir hacia arriba (cierro momento realista). Hemos pasado de la fase en que yendo pasito a pasito, en plan abuelo, podía respirar, a la fase en que cada x pasos tengo que parar a coger oxígeno, y el sol sigue sin salir, y el frío me sigue castigando pies y manos....

Sobre las 5, y a más de 5500 metros, aparece de repente el guía joven y me dice guasón "¿do you remember me?", ¡será posible! Pienso: este máquina seguro que ha bajado a Jesús al campamento, ha vuelto a subir y nos ha atrapado, de sobrado, pero no, ¡¡se trae a Jesús!! Grande, volvemos a estar los 3. Se ve que cada vez que ha querido bajar le ha dado un par de collejas y le ha dicho que para arriba. Jesús por su parte se piensa que nos han pillado porque les hemos estado esperando, ¡sí hombre! Simplemente yo me he encargado de lastrar el grupo, con la intención de que nos pillaran, y hay que decir que me ha salido bastante bien. La alegría inicial da paso a la dura realidad, si habían quitado el oxígeno y estaba yo respirando los restos ahora me toca compartirlos, estoy fastidiado. Bromas aparte el volver a estar los 3 es una inyección de moral y ya no hay rendición posible.

Todos sabemos que el paso previo a la cima es el Stella Point, situado a 5700 y pico metros y desde donde ya se ve el cráter y la cima así que en un momento dado el guía nos dice que es donde se ven unos frontales y que en 20 minutos estaremos allí, ¡ni en broma! Ya le digo que en 20 minutos no estamos ahí arriba ni en sueños, pero que adelante.

En algún momento indeterminado sale el sol, aunque tampoco mejora mucho el frío, y llegamos al citado Stella Point. Desde ahí vemos como dos cimas con gente y pregunto cuál de las dos es la cima, parezco tonto, ¿pues cuál va a ser?, ¡la que está más lejos! Total, que tras 1 hora más de arrastrarnos (hablo por mí) ¡¡por fin nos plantamos en la cima a las 7:15!! Abrazos, emoción, fotos variadas y prisas, los guías no quieren que la gente se quede mucho rato por si les da un telele.

La verdad que el descenso anima porque te cruzas con gente que está peor, pero yo no termino de recuperar las fuerzas durante los 1200 metros de desnivel hasta el campamento y encima nos mandan un par de porteadores para que bajemos la última media hora sin mochila. Supongo que lo hacen por cortesía, pero uno se siente un poco herido en el orgullo.

Una vez en el campamento, una hora de descanso, comida rápida y otros 1800 metros de bajada, pero ahora ya somos personas, lo que puede hacer una sopita y, sobre todo, ¡que estemos 2000 metros más abajo!

Diario de Jordi
Hoy inicio mi diario de viaje. Me parece increíble, pero es verdad, aquí estoy. Fue el pasado diciembre que Jesús y yo empezamos a darle vueltas a la idea de coronar el techo de África. Supongo que como muchos otros aficionados a la montaña, siempre hemos soñado con hollar algún día alguna de las "Seven Summits", o Siete Cumbres, nombre con el que se conocen las más altas montañas de cada uno de los cinco continentes - añadiendo además la más alta de Norteamérica y de la Antártida.

En fin, escribo estas primeras líneas desde el Mti Mkubwa Camp y me siento feliz. Por cierto, que le he preguntado a nuestro guía por el significado de Mti Mkubwa en swahili, "Big Tree", me ha respondido: Gran Árbol. Me gusta el nombre de este lugar.

Dicen que el Kilimanjaro no plantea ninguna dificultad técnica especial - aunque esto siempre es algo relativo y también dependerá de la ruta elegida, pero no hay que subestimar el hecho de que se trata de una cumbre de casi 6.000 m. Y además hemos oído hablar de casos en que montañeros experimentados y en buena forma han fracasado en el intento, así que no seremos nosotros los que nos vayamos a confiar. Este es sin duda un reto físico formidable. Hoy tan sólo hemos salvado un desnivel de 500 metros y ha sido lo que los ingleses llaman "a piece of cake", o sea nada - comparado con lo que nos espera.

Me voy a dormir con varias dudas. La principal: ¿y si no me he preparado lo suficiente para esta montaña? Cierto que he hecho algunas cumbres en el Pirineo como La Pica d'Estats y algún que otro techo comarcal de Catalunya, pero nada que ver con el Kilimanjaro. Bueno, ya se verá, me voy a consultar con la almohada.

Recordatorio mañana: Rociarme de Relec antes de salir de la tienda y tomarme la pastilla Malaway.

Nota: Relec es el spray antimosquitos, imprescindible hasta los 3000 m. de altitud.

Malaway o Malarone es el nombre comercial dado a la atovacuona y proguanil, medicamentos utilizados como preventivos de la malaria. La dosis para adultos es generalmente una pastilla diaria, a partir de uno o dos días antes de viajar a una zona de riesgo de malaria. La dosis debe continuar durante toda la estancia y luego por otros 7 días después de salir del área con malaria.

Hoy he tenido la corazonada de que lo conseguiremos. Me siento bien físicamente, camino ligero, el sol ha lucido todo el día, el panorama es bellísimo y además, he perdido mis gafas de sol, pero he vuelto sobre mis pasos y las he encontrado. Ante nosotros tenemos el Western Breach o cara oeste del Kilimanjaro parcialmente cubierto de nieve. Realmente estoy disfrutando de este trekking. Hoy además hemos podido contemplar una maravillosa puesta de sol, de esas que sólo se pueden ver en África. Nos envuelve un mar de nubes. Afuera hace mucho frío, nos vamos a acostar.

(Por la mañana): He dormido muy bien, enfundado como estaba en mi confortable saco de expedición de pluma, adecuado para montañas de 7000 m. y temperaturas de hasta -30ºC. Mis compañeros, que han venido con sacos de menor rango de temperatura por lo visto han pasado frío. Está claro que hay que venir al Kilimajaro equipado con un saco que tenga buenas prestaciones de temperatura. Nos han advertido que las noches pueden llegar a ser terriblemente frías.

Hablando de frío: como no traigo una cámara réflex, tomo las fotos con mi "iPhone", y como el frío consume la batería de los móviles a gran velocidad por la noche tengo que apagarlo. En previsión de tener que hacer varias recargas, me he traído dos "powerbanks" de 25.000 miliamperios (lo que equivale a una capacidad de unas cinco recargas completas cada uno). Probablemente con traerme uno habría sido suficiente, al fin y al cabo aquí no tenemos ningún acceso a internet y mi móvil sólo me sirve para tomar fotos y para escribir estas notas, por lo que tampoco consumo tanta batería. Sin embargo, no quería arriesgarme a quedarme sin móvil y por tanto sin mis propias fotos. Otra opción era traerme un cargador solar -he visto que algunas personas lo traían- aunque antes de partir lo descarté después de leer opiniones más bien negativas acerca de ellos - casi todos cargan muy lentamente y además nunca se sabe el tiempo que hará.

Ya hemos llegado al último campo antes de la cumbre: el Barafu camp. Barafu significa hielo en swahili. Tras instalarnos en nuestras tiendas, Laurence nos ha tomado el nivel de saturación de oxígeno en la sangre, con un oxímetro de pulso. Las lecturas indican que tenemos el pulso y los niveles de oxígeno normales, aunque a 4600 metros no hay duda de que notamos los efectos de la altitud. Tengo que moverme lentamente, si no me mareo. Simplemente el hecho de cambiarme de ropa dentro de la tienda ya ha sido una tarea verdaderamente ardua.

Pero, aparte de esto, físicamente me encuentro bien y tampoco me he quedado rezagado ningún día. Esto es una sorpresa para mí. Aunque juego con algo de ventaja respecto a mis compañeros: hoy justo hace dos meses me encontraba en los Andes. Como estuve varios días a casi 5000 m. de altitud, en el altiplano boliviano, supongo que he llegado aquí bien aclimatado.

Nota: Como es bien sabido entre los alpinistas, el miocardio a estas altitudes se adapta para que la sangre aproveche mejor el oxígeno; de este modo las células de la hemoglobina se aferran a su carga de oxígeno con mayor fuerza, lo que hace que sean más eficientes para que entreguen oxígeno a todas las células de nuestro cuerpo. Y como los glóbulos rojos tienen una vida media en el torrente sanguíneo de 120 días, los efectos positivos de esta hemoglobina "amplificada" permanecen en nuestro cuerpo hasta cuatro meses después de que hayamos abandonado un destino a gran altitud.

Escribo estas notas un poco antes de acostarme por unas horas. Ahora estoy dentro de mi tienda individual y son las 18:00. Los guías nos acaban de dar los últimos consejos. A las 00:00 horas, será el momento de la verdad: partiremos hacia la cima. Un único ataque, no tenemos más días. Hace muy buen tiempo y no podemos desaprovechar la oportunidad. No creo que duerma nada.
Son las 00:00 y escribo esto rápido. He dormido poco, muchas vueltas dentro del saco, pero he podido descansar algo y me encuentro bien.
Ya se ven hileras de lucecitas en la montaña, son las de los frontales de la gente subiendo.
Los guías nos dicen que es hora de ponernos en marcha. ¡Hasta dentro de unas horas! Si todo va bien, hollaremos la cumbre hacia las 7:00 de la mañana.
Son las 07:15 y transcribo de mi propia voz desde la cumbre: ¡Objetivo conseguido! Me siento muy contento, y el día es magnífico. Jesús y Joan han sufrido lo suyo, pero aquí

estamos todos. Hemos perdido de vista a Jesús durante un trecho. Se había quedado atrás con uno de los guías, Laurence, pero después nos hemos reencontrado poco antes de las primeras luces del alba y de llegar a Stella Point. Jesús ha contado que ha estado a punto de desistir, pues no se veía con muchas fuerzas, pero Laurence lo ha animado mucho. ¡Muy bien por los dos!

Los últimos 100 metros de desnivel los hemos hecho en una hora ¡la más larga de mi vida! Pero ahora me siento muy feliz. No sé a qué temperatura debemos estar, pero no tengo nada de frío, aunque es verdad que vamos bien abrigados. Bueno, nos vamos a hacer la foto en el famoso cartel: "*Congratulations! You are now at Uhuru Peak. 5895 m/ 19341 Ft (amsl = above mean sea level)*."

Uhuru es una bonita palabra: con la independencia de Tanzania en 1964 el pico pasó a denominarse Uhuru que en swahili significa libertad. En este momento sólo deseo que todos los seres sean felices y encuentren la libertad y la plenitud en la vida.

No puedo esperar a llegar al Mweka Gate y tomarme una buena cerveza fría. La ducha cuando lleguemos al hotel será pura gloria. Nos merecemos un buen descanso. Jesús y Joan ya tienen contratado un safari y yo he reservado un billete de minibús-lanzadera que me llevará de Moshi a Nairobi (Kenya), a unos 350 kilómetros, donde visitaré a mis amigos Roberto y Susanne y conoceré la casa de Karen Blixen - la autora de "Lejos de África" (...) y después, vendrá la guinda del pastel: tengo pasaje de avión hasta la isla de Zanzíbar. Allí quiero disfrutar de sus playas blancas, del *dolce far niente* bajo los cocoteros, y de un mar azul turquesa...

Bibliografía

- BOTELLA DE MAGLIA, J. *Mal de altura. Prevención y tratamiento.* Ediciones Desnivel S.L. 2002.
- MURCIA, M. *Expediciones de montaña. Planificación, consejos y trucos.* Ediciones Desnivel S.L. 2006.
- PUJANTE, J.A. *Hacia las cumbres del arco iris.* Editorial Juventud, S.A. 1995.
- PUJANTE, J.A. *Más allá de las siete cimas.* Editorial Sirpus, S.L. 1997.
- RICART, A.; VERES, T. *Frío y montaña.* Ediciones Desnivel S.L. 2004.

Webs consultadas:

https://elkilimanjaro.com
https://www.geoenciclopedia.com/kilimanjaro/
https://www.climbmountkilimanjaro.com
https://www.lacumbreonline.cl/blog/consejos/que-nos-sucede-en-la-altura-parte-3/